I0536593

BESTACTIVITYBOOKS.COM

PREMIERE ÉDITION

Dépôt légal, 2022

Illustration Graphique Extra: www.freepik.com
Merci à Alekksall, Starline, Pch.vector, Rawpixel.com, Vectorpocket, Dgim-studio, Upklyak, Macrovector, Stockgiu, Pikisuperstar & Freepik.com Designers

5 ASTUCES POUR DÉMARRER !

1) COMMENT RÉSOUDRE LES MOTS MÊLÉS

Les puzzles sont dans un format classique :

- Les mots sont cachés sans espaces, tirets, ...
- Orientation : Les mots peuvent être écrits en avant, en arrière, vers le haut, vers le bas ou en diagonale (ils peuvent être inversés).
- Les mots peuvent se chevaucher ou se croiser.

2) UN APPRENTISSAGE ACTIF

Un espace est prévu à côté de chaque mots pour noter la traduction. Pour favoriser un apprentissage actif un **DICTIONNAIRE** à la fin de cette édition vous permettra de vérifier et étendre vos connaissances. Cherchez et notez les traductions, trouvez-les dans le Puzzle et ajoutez-les à votre vocabulaire !

3) MARQUEZ LES MOTS

Vous pouvez inventer votre propre système de marquage. Peut-être en utilisez-vous déjà un ? Sinon, vous pourriez, par exemple, marquer les mots qui ont été difficiles à trouver d'une croix, ceux que vous avez aimés d'une étoile, les mots nouveaux d'un triangle, les mots rares d'un diamant, etc...

4) STRUCTUREZ VOTRE APPRENTISSAGE

Cette édition vous offre un **CARNET DE NOTES** très pratique à la fin du livre. En vacances ou en voyage ou à la maison, vous pouvez facilement organiser vos nouvelles connaissances sans avoir besoin d'un second bloc-notes !

5) VOUS AVEZ FINI TOUTES LES GRILLES ?

Allez à la section bonus **CHALLENGE FINAL** pour trouver un jeu gratuit à la fin de cette édition !

Simple et Rapide ! Découvrez notre collection de livres d'activités pour votre prochain moment de détente et **d'apprentissage**, à juste un clic de distance !

Trouvez votre prochain défi sur :

BestActivityBooks.com/MonProchainLivre

À vos marques, prêts... Partez !

Saviez-vous qu'il existe environ 7 000 langues différentes dans le monde ? Les mots sont précieux.

Nous aimons les langues et avons travaillé dur pour créer les livres de la plus haute qualité pour vous. Nos ingrédients ?

Une sélection des thématiques d'apprentissage adaptée, trois belles parts de divertissement, puis nous ajoutons une cuillère de mots difficiles et une pincée de mots rares. Nous les servons avec soin et un maximum de plaisir pour vous permettre de résoudre les meilleurs jeux de mots mêlés qui soient et d'apprendre en vous amusant !

Votre avis est essentiel. Vous pouvez participer activement au succès de ce livre en nous laissant un commentaire. Nous aimerions vraiment savoir ce que vous avez préféré dans cette édition !

Voici un lien rapide qui vous mènera à la page d'évaluation de vos commandes :

BestBooksActivity.com/Avis50

Merci pour votre aide et amusez-vous bien !

De la part de toute l'équipe

1 - Adjectifs #2

O	S	O	H	L	U	G	R	O	W	G	T	M	C
P	E	E	B	G	E	S	A	L	G	A	D	O	R
O	L	T	L	O	T	X	N	A	Z	T	D	C	I
D	E	R	A	V	N	L	O	N	P	K	O	I	A
E	G	O	R	I	A	Z	V	P	Z	D	Ç	T	T
R	A	F	U	T	S	G	O	K	U	B	G	Á	I
O	N	N	T	U	S	N	E	M	D	R	C	M	V
S	T	S	A	D	E	E	D	M	P	H	O	A	O
O	E	E	N	O	R	K	H	O	Ç	R	R	R	S
T	H	C	I	R	E	W	W	K	T	D	B	D	O
L	D	O	F	P	T	G	J	X	U	A	W	Z	M
R	E	S	P	O	N	S	Á	V	E	L	D	S	A
H	T	Y	O	C	I	T	N	Ê	T	U	A	O	F
D	E	S	C	R	I	T	I	V	O	U	W	S	L

AUTÊNTICO
FAMOSO
CRIATIVO
DESCRITIVO
DOTADO
DRAMÁTICO
ELEGANTE
ORGULHOSO
FORTE
INTERESSANTE
NATURAL
NOVO
PRODUTIVO
PODEROSO
PURO
RESPONSÁVEL
SALGADO
SELVAGEM
SECO

2 - Exploration

C	U	L	T	U	R	A	S	C	A	D	D	N	T
Q	I	O	V	O	N	F	M	O	T	I	E	S	E
Z	S	I	Ç	M	G	J	H	R	I	S	S	S	R
B	U	S	C	A	W	G	G	A	V	T	C	E	R
V	Q	T	H	O	P	K	N	G	I	A	O	L	E
I	J	P	S	B	Y	S	D	E	D	N	N	V	N
A	T	E	E	Z	X	D	E	M	A	T	H	A	O
G	D	R	Y	A	P	G	O	J	D	E	E	G	Ã
E	Q	I	T	N	R	A	S	V	E	I	C	E	T
M	U	G	T	A	N	I	M	A	I	S	I	M	S
N	Z	O	Ã	Ç	A	T	I	C	X	E	D	H	U
C	Y	S	L	Í	N	G	U	A	B	Y	O	P	A
A	P	R	E	N	D	E	R	J	W	P	O	H	X
D	E	S	C	O	B	E	R	T	A	P	R	Ç	E

ATIVIDADE
ANIMAIS
APRENDER
CORAGEM
CULTURAS
PERIGOS
DESCOBERTA
ESPAÇO
EXCITAÇÃO
EXAUSTÃO
DESCONHECIDO
LÍNGUA
DISTANTE
NOVO
BUSCA
SELVAGEM
TERRENO
VIAGEM

3 - Force et Gravité

D	P	U	D	O	G	I	A	T	I	B	R	Ó	P
M	E	E	E	O	M	H	C	L	Z	F	Q	K	I
E	C	S	M	M	O	V	I	M	E	N	T	O	M
C	E	B	C	A	L	K	S	D	D	A	R	Ã	P
Â	N	N	T	O	G	B	Í	G	W	I	A	S	A
N	T	J	A	P	B	N	F	W	Ç	C	P	S	C
I	R	G	F	M	E	E	E	W	W	N	I	E	T
C	O	X	J	E	D	S	R	T	W	Â	D	R	O
A	X	V	K	T	O	F	O	T	I	T	E	P	T
U	N	I	V	E	R	S	A	L	A	S	Z	H	I
P	L	A	N	E	T	A	S	A	O	I	M	I	R
E	X	P	A	N	S	Ã	O	B	I	D	I	O	T
P	R	O	P	R	I	E	D	A	D	E	S	J	A
E	I	X	O	C	I	M	Â	N	I	D	G	K	E

EIXO
CENTRO
DESCOBERTA
DISTÂNCIA
DINÂMICO
EXPANSÃO
ATRITO
IMPACTO
MAGNETISMO
MECÂNICA
MOVIMENTO
ÓRBITA
FÍSICA
PLANETAS
PESO
PRESSÃO
PROPRIEDADES
TEMPO
UNIVERSAL
RAPIDEZ

4 - Adjectifs #1

A	L	E	B	A	B	P	M	C	N	M	I	I	A
D	T	J	I	M	O	D	E	R	N	O	M	N	M
Ç	Z	I	C	H	Ç	L	V	Q	C	C	P	O	B
L	O	D	V	I	O	Y	O	J	F	I	O	C	I
E	E	V	O	O	L	N	J	Y	Z	T	R	E	C
N	T	T	T	V	C	O	E	O	N	Ó	T	N	I
T	N	E	U	Z	K	C	Q	S	T	X	A	T	O
O	E	M	L	J	Y	I	Y	O	T	E	N	E	S
E	A	R	O	M	Á	T	I	C	O	O	T	Z	O
P	R	O	S	C	I	N	K	U	D	A	E	N	Q
W	T	N	B	A	Y	Ê	F	U	P	M	Z	B	M
H	A	E	A	C	A	D	N	I	U	V	Y	P	G
A	R	T	Í	S	T	I	C	O	N	O	P	M	O
P	E	S	A	D	O	F	Q	P	M	O	Ç	A	S

ABSOLUTO
ATIVO
AMBICIOSO
AROMÁTICO
ARTÍSTICO
ATRAENTE
BELA
EXÓTICO
ENORME
HONESTO
IDÊNTICO
IMPORTANTE
INOCENTE
JOVEM
LENTO
PESADO
FINO
MODERNO

5 - Instruments de Musique

M	S	F	C	H	A	R	P	A	G	W	I	Q	I
G	A	Q	O	L	E	C	N	O	L	O	I	V	V
O	X	O	A	O	A	T	U	A	L	F	V	D	B
N	O	N	A	I	P	R	O	B	M	A	T	L	C
G	F	Ç	A	E	M	M	I	L	O	D	N	A	B
O	O	J	N	A	B	P	A	N	Q	T	C	G	V
T	N	Y	E	T	O	G	A	F	E	W	R	A	I
R	E	P	N	Ç	B	O	B	N	L	T	J	I	O
O	Ã	L	O	I	V	B	M	H	D	B	E	T	L
M	A	X	B	X	P	O	I	N	F	E	K	A	I
P	O	H	M	O	I	É	R	D	I	V	I	P	N
E	V	F	O	Ç	R	B	A	M	Q	S	H	R	O
T	V	K	R	H	S	G	M	S	S	B	L	N	O
E	X	Z	T	P	E	R	C	U	S	S	Ã	O	L

BANJO
FAGOTE
CLARINETE
FLAUTA
GONGO
VIOLÃO
GAITA
HARPA
OBOÉ
BANDOLIM
MARIMBA
PERCUSSÃO
PIANO
SAXOFONE
TAMBOR
PANDEIRO
TROMBONE
TROMPETE
VIOLINO
VIOLONCELO

6 - Échecs

E	P	Z	R	X	P	O	W	N	K	S	R	A	S
T	S	O	R	O	D	A	G	O	J	L	A	P	A
N	O	T	N	M	K	Q	S	G	R	I	I	R	C
E	I	K	R	T	Y	Ç	H	S	C	H	N	E	R
N	F	E	O	A	O	N	S	F	I	Z	H	N	I
O	A	R	M	Ç	T	S	X	G	Z	V	A	D	F
P	S	M	S	I	S	É	N	V	O	M	O	E	Í
O	E	R	G	Z	O	O	G	O	J	R	Ã	R	C
I	D	T	R	F	C	D	U	I	Q	E	E	G	I
D	I	A	G	O	N	A	L	R	A	I	P	A	O
I	Ç	T	R	T	A	Q	D	H	Ç	M	M	K	Ç
S	A	R	G	E	R	P	D	N	W	A	A	O	G
N	C	Y	C	R	B	T	E	M	P	O	C	G	Z
C	Ç	N	K	P	M	C	O	N	C	U	R	S	O

OPONENTE
APRENDER
BRANCO
CAMPEÃO
CONCURSO
DESAFIOS
DIAGONAL
JOGO
JOGADOR
PRETO
PASSIVO
PONTOS
RAINHA
REGRAS
REI
SACRIFÍCIO
ESTRATÉGIA
TEMPO

7 - Herboristerie

I	N	G	R	E	D	I	E	N	T	E	M	C	D
C	F	L	O	R	O	B	A	S	P	A	E	I	F
E	U	V	M	C	A	N	O	R	E	J	N	A	M
S	L	L	M	A	I	B	T	W	F	R	T	T	T
T	A	V	I	E	N	F	O	Ã	R	F	A	Ç	A
R	V	E	D	N	L	J	É	O	K	H	T	L	S
A	A	R	R	J	Á	D	E	N	Ç	A	Z	F	M
G	N	D	A	U	I	R	T	R	E	T	F	P	G
Ã	D	E	J	O	U	S	I	Q	I	B	B	U	Y
O	A	L	O	H	L	I	M	O	T	C	H	E	T
B	A	L	E	C	R	I	M	H	O	V	Ã	D	E
T	G	F	Q	N	U	J	V	L	Ç	I	T	O	N
S	N	B	Z	U	N	P	U	A	S	A	L	S	A
G	F	Q	T	F	Q	U	A	L	I	D	A	D	E

ALHO
MANJERICÃO
BENÉFICO
CULINÁRIO
ESTRAGÃO
FUNCHO
FLOR
INGREDIENTE
JARDIM
LAVANDA
MANJERONA
MENTA
SALSA
QUALIDADE
ALECRIM
AÇAFRÃO
SABOR
TOMILHO
VERDE

8 - Véhicules

B	A	R	C	O	F	A	W	B	H	M	C	T	M
C	A	R	R	O	O	Ô	R	T	E	M	A	R	S
B	A	L	S	A	G	Z	S	Á	L	J	R	A	U
V	D	L	Z	Y	U	B	Ç	X	I	A	A	N	B
S	K	M	S	U	E	N	P	I	C	N	V	S	M
O	A	T	P	N	T	V	T	C	Ó	G	A	P	A
M	O	T	O	R	E	I	R	N	P	A	N	O	R
Z	Ã	J	E	M	Q	V	A	F	T	D	A	R	I
Z	H	L	V	R	E	U	T	B	E	A	T	T	N
B	N	D	I	Z	B	M	O	D	R	B	A	E	O
Ç	I	W	R	C	P	M	R	G	O	Ã	I	V	A
Z	M	G	V	W	H	U	A	Ô	N	I	B	U	S
K	A	J	A	I	C	N	Â	L	U	B	M	A	V
M	C	B	I	C	I	C	L	E	T	A	C	A	U

AMBULÂNCIA
AVIÃO
BARCO
ÔNIBUS
CAMINHÃO
CARAVANA
BALSA
FOGUETE
HELICÓPTERO
METRÔ
MOTOR
TRANSPORTE
PNEUS
JANGADA
LAMBRETA
SUBMARINO
TÁXI
TRATOR
BICICLETA
CARRO

9 - Camping

L	D	R	W	W	S	C	A	B	I	N	E	E	B
T	U	Ç	W	Ç	Z	I	U	N	U	W	I	Q	Ú
E	E	A	Ç	A	C	H	A	P	É	U	S	U	S
N	F	R	I	T	E	P	D	M	C	J	F	I	S
D	K	U	E	L	R	Q	R	Q	I	M	X	P	O
A	H	T	X	J	O	B	O	L	A	N	C	A	L
C	A	N	O	A	Ç	Z	C	A	A	P	A	M	A
D	T	E	G	Z	Y	P	O	N	T	B	A	E	H
T	Z	V	A	E	G	H	G	T	S	I	B	N	G
J	J	A	L	R	Z	K	O	E	E	U	A	T	Ç
M	A	C	A	U	H	X	F	R	R	S	L	O	S
T	I	S	X	T	U	U	Q	N	O	J	N	S	V
M	O	N	T	A	N	H	A	A	L	E	G	I	R
V	D	X	N	N	E	M	G	Z	F	X	E	Y	X

ANIMAIS
AVENTURA
BÚSSOLA
CABINE
CANOA
MAPA
CHAPÉU
CAÇA
CORDA
EQUIPAMENTO
FOGO
FLORESTA
MACA
INSETO
LAGO
LANTERNA
LUA
MONTANHA
NATUREZA
TENDA

10 - Écologie

M	R	T	M	V	N	A	T	U	R	A	L	S	V
A	M	T	I	O	Y	R	C	T	F	G	L	U	O
R	H	D	C	I	N	C	P	M	A	C	E	S	L
I	F	D	J	W	P	T	J	E	U	E	N	T	U
N	H	T	A	T	I	B	A	H	N	O	P	E	N
H	F	A	Z	L	S	A	T	N	A	L	P	N	T
O	E	S	P	É	C	I	E	S	H	S	C	T	Á
P	Â	N	T	A	N	O	G	K	E	A	L	Á	R
C	O	M	U	N	I	D	A	D	E	S	S	V	I
C	O	J	R	E	C	U	R	S	O	S	I	E	O
L	V	A	R	I	E	D	A	D	E	V	B	L	S
I	D	I	V	E	R	S	I	D	A	D	E	W	L
M	S	O	B	R	E	V	I	V	Ê	N	C	I	A
A	Z	E	R	U	T	A	N	M	F	L	O	R	A

VOLUNTÁRIOS
CLIMA
COMUNIDADES
DIVERSIDADE
SUSTENTÁVEL
ESPÉCIES
FAUNA
FLORA
HABITAT
PÂNTANO
MARINHO
MONTANHAS
NATUREZA
NATURAL
PLANTAS
RECURSOS
SECA
SOBREVIVÊNCIA
VARIEDADE

11 - Géométrie

X	W	X	A	K	O	E	L	X	G	F	A	K	S
D	Ç	J	S	Q	W	Q	Q	Ó	L	G	V	Q	U
C	I	C	S	F	Y	U	H	A	G	L	R	Ç	P
Á	U	Â	A	I	I	A	M	I	E	I	U	P	E
L	O	C	M	L	X	Ç	N	R	W	L	C	V	R
C	L	W	Í	E	C	Ã	F	T	G	G	H	A	F
U	U	D	H	R	T	O	R	E	M	Ú	N	I	Í
L	G	O	N	U	C	R	Ç	M	S	Ç	A	R	C
O	N	D	Q	M	J	U	O	I	U	E	L	O	I
N	Â	R	I	Q	P	S	L	S	O	R	T	E	E
D	I	M	E	N	S	Ã	O	O	L	Z	U	T	E
Y	R	L	F	M	E	D	I	A	N	A	R	J	N
V	T	P	R	O	P	O	R	Ç	Ã	O	A	G	D
N	Ç	X	V	Â	N	G	U	L	O	O	O	J	F

ÂNGULO
CÁLCULO
CÍRCULO
CURVA
DIÂMETRO
DIMENSÃO
EQUAÇÃO
ALTURA
LÓGICA
MASSA
MEDIANA
NÚMERO
PROPORÇÃO
SUPERFÍCIE
SIMETRIA
TEORIA
TRIÂNGULO

12 - Les Médias

C	O	K	O	H	J	X	E	D	E	R	I	I	J
V	P	Q	Ç	S	L	N	D	R	N	S	M	N	Q
R	N	S	K	I	O	L	U	X	I	O	A	T	I
C	Á	E	V	A	S	C	C	B	L	P	G	E	N
O	I	D	D	N	D	O	A	I	N	I	E	L	D
M	N	U	I	R	I	M	Ç	C	O	N	N	E	I
U	D	T	T	O	G	E	Ã	H	G	I	S	C	V
N	Ú	I	L	J	I	R	O	E	A	Ã	W	T	I
I	S	T	R	Ç	T	C	R	B	D	O	X	U	D
C	T	A	F	P	A	I	Ç	B	K	I	L	A	U
A	R	X	M	O	L	A	C	O	L	Ç	Ç	L	A
Ç	I	A	N	B	T	L	Q	T	Y	W	I	Ã	L
Ã	A	L	C	O	S	O	C	I	L	B	Ú	P	O
O	L	Ç	S	S	L	Z	S	O	T	A	F	R	Ç

ATITUDES
COMERCIAL
COMUNICAÇÃO
ONLINE
EDIÇÃO
EDUCAÇÃO
FATOS
IMAGENS
INDIVIDUAL
INDÚSTRIA
INTELECTUAL
JORNAIS
LOCAL
DIGITAL
OPINIÃO
FOTOS
PÚBLICO
RÁDIO
REDE

13 - Philanthropie

C	C	H	O	N	E	S	T	I	D	A	D	E	B
Z	C	A	H	U	M	A	N	I	D	A	D	E	R
M	Ç	R	R	G	U	C	O	N	T	A	T	O	S
I	S	E	I	I	J	F	I	N	A	N	Ç	A	J
S	O	E	D	A	D	I	S	S	E	C	E	N	U
S	V	S	V	G	N	A	P	U	H	P	D	P	V
Ã	I	A	U	F	P	Ç	D	E	I	R	A	Ú	E
O	T	O	L	N	X	S	A	E	S	O	D	B	N
D	E	S	A	F	I	O	S	S	T	G	I	L	T
C	J	S	B	D	X	P	E	U	Ó	R	N	I	U
P	B	E	O	E	H	U	H	N	R	A	U	C	D
C	O	P	L	F	Q	R	K	F	I	M	M	O	E
J	I	Z	G	L	B	G	Z	M	A	A	O	S	A
I	M	T	K	F	U	N	D	O	S	S	C	J	K

NECESSIDADE
OBJETIVOS
CARIDADE
COMUNIDADE
CONTATOS
DESAFIOS
CRIANÇAS
FINANÇA
FUNDOS
PESSOAS
GLOBAL
GRUPOS
HISTÓRIA
HONESTIDADE
HUMANIDADE
JUVENTUDE
MISSÃO
PROGRAMAS
PÚBLICO

14 - Diplomatie

S	E	G	U	R	A	N	Ç	A	Ç	C	C	R	D
P	A	D	A	X	I	A	B	M	E	I	O	E	I
C	O	Ã	S	S	U	C	S	I	D	D	O	S	P
O	I	L	J	U	S	T	I	Ç	A	A	P	O	L
M	R	É	Í	Z	E	L	R	G	D	D	E	L	O
U	Á	O	T	T	F	D	A	O	I	Ã	R	U	M
N	T	T	Q	I	I	O	Y	V	R	O	A	Ç	Á
I	I	I	Y	D	C	C	W	E	G	S	Ç	Ã	T
D	N	L	M	X	Z	A	A	R	E	X	Ã	O	I
A	A	F	X	P	Q	H	U	N	T	Z	O	B	C
D	M	N	J	P	A	S	W	O	N	Z	K	D	O
E	U	O	Z	R	O	D	A	X	I	A	B	M	E
S	H	C	O	N	S	U	L	T	O	R	B	Ç	Ç
G	X	Ç	E	S	T	R	A	N	G	E	I	R	O

EMBAIXADA
EMBAIXADOR
CIDADÃOS
COMUNIDADE
CONFLITO
CONSULTOR
COOPERAÇÃO
DIPLOMÁTICO
DISCUSSÃO
ÉTICA
ESTRANGEIRO
GOVERNO
HUMANITÁRIO
INTEGRIDADE
JUSTIÇA
POLÍTICA
RESOLUÇÃO
SEGURANÇA

15 - Astronomie

U	Z	Q	M	P	I	B	L	E	Q	H	E	G	N
N	O	T	I	L	S	R	Z	F	I	Z	Q	A	R
I	V	R	E	A	S	Ç	G	S	H	O	U	L	A
V	Z	W	O	N	Z	J	T	F	G	R	I	Á	D
E	Ç	L	E	E	T	E	U	G	O	F	N	X	I
R	N	S	D	T	T	G	T	Z	E	W	Ó	I	A
S	F	Ç	I	A	M	E	A	E	E	B	C	A	Ç
O	D	Ç	Ó	S	L	O	M	K	R	J	I	S	Ã
A	S	T	R	O	N	A	U	T	A	R	O	E	O
C	O	S	E	L	U	L	R	É	F	P	A	E	T
M	M	O	T	U	L	U	A	M	C	L	V	K	E
R	S	L	S	B	S	U	P	E	R	N	O	V	A
S	O	A	A	E	S	P	I	L	C	E	T	R	Y
G	C	R	F	N	A	S	T	R	Ô	N	O	M	O

ASTERÓIDE
ASTRONAUTA
ASTRÔNOMO
CÉU
COSMOS
ECLIPSE
EQUINÓCIO
FOGUETE
GALÁXIA
LUA
METEORO
NEBULOSA
PLANETA
RADIAÇÃO
SOLAR
SUPERNOVA
TERRA
UNIVERSO

16 - Physique

W	O	C	A	O	S	R	G	N	D	I	F	N	R
O	J	U	F	V	U	E	Á	K	R	C	Ó	U	A
E	Ç	E	D	A	D	I	S	N	E	D	R	C	P
M	R	E	D	A	D	I	V	A	R	G	M	L	I
O	D	H	N	O	R	T	É	L	E	B	U	E	D
T	B	I	P	D	H	U	G	U	P	D	L	A	E
O	M	Q	A	C	I	N	Â	C	E	M	A	R	Z
R	Q	O	U	W	V	Ç	Á	Í	M	A	S	S	A
F	L	U	L	O	M	S	I	T	E	N	G	A	M
Z	I	N	Í	É	T	Y	H	R	O	G	I	N	N
J	Q	B	F	M	C	B	M	A	O	M	T	S	N
T	Y	L	H	Y	I	U	O	P	J	M	O	Y	P
B	K	L	U	X	P	C	L	X	G	Q	E	L	C
B	M	D	U	L	R	A	O	A	L	Ç	T	Y	R

ÁTOMO
CAOS
QUÍMICO
DENSIDADE
ELÉTRON
FÓRMULA
GÁS
GRAVIDADE
MAGNETISMO
MASSA
MECÂNICA
MOLÉCULA
MOTOR
NUCLEAR
PARTÍCULA
RAPIDEZ

17 - Types de Cheveux

O	J	S	A	U	D	Á	V	E	L	S	Q	P	E
C	N	C	A	C	H	O	S	N	Y	S	D	R	N
N	C	D	L	E	C	S	H	Ç	E	R	X	E	C
A	A	F	U	D	Z	E	K	L	T	I	P	T	A
R	R	W	L	L	F	C	X	O	N	I	F	O	R
B	E	H	W	K	A	O	E	I	A	R	P	G	A
A	C	E	P	S	Z	D	M	R	H	O	X	K	C
Q	A	X	V	U	N	O	O	O	L	L	F	Z	O
H	A	G	Q	A	I	T	R	T	I	O	I	A	L
A	T	P	X	V	C	X	R	V	R	C	Q	Ç	A
L	A	V	X	E	T	U	A	I	B	U	J	K	D
G	R	O	S	S	O	D	M	G	C	R	C	E	O
H	P	T	R	A	N	Ç	A	D	O	Q	W	N	J
S	P	G	M	B	Q	F	S	L	O	N	G	O	W

PRATA
BRANCO
LOIRO
CACHOS
BRILHANTE
CARECA
COLORI
CURTO
SUAVE
GROSSO
ENCARACOLADO
CINZA
LONGO
MARROM
FINO
PRETO
ONDULADO
SAUDÁVEL
SECO
TRANÇADO

18 - Archéologie

F	N	Ç	E	S	Q	U	E	C	I	D	O	J	X
S	W	I	U	N	E	L	Z	V	K	O	L	Y	A
Ç	C	I	V	I	L	I	Z	A	Ç	Ã	O	R	N
E	Q	U	I	P	E	S	A	T	L	Ç	L	E	T
Q	A	O	C	R	H	S	N	S	L	A	P	L	I
M	C	R	S	J	V	Ó	Á	I	L	I	M	Í	G
R	I	O	M	S	U	F	L	L	E	L	E	Q	U
G	M	S	K	O	O	M	I	A	O	A	T	U	I
V	Â	S	T	D	I	S	S	I	B	V	T	I	D
A	R	E	X	É	K	C	E	C	J	A	Ú	A	A
G	E	F	S	Y	R	S	J	E	E	P	M	O	D
Y	C	O	R	Q	P	I	D	P	T	A	U	N	E
Y	I	R	Q	W	L	N	O	S	O	V	L	H	N
S	U	P	C	P	B	B	M	E	S	Q	O	Z	S

ANÁLISE
ANTIGUIDADE
CIVILIZAÇÃO
ESPECIALISTA
ERA
EQUIPE
AVALIAÇÃO
FÓSSIL
MISTÉRIO
OBJETOS
OSSOS
ESQUECIDO
CERÂMICA
PROFESSOR
RELÍQUIA
TEMPLO
TÚMULO

19 - Mammifères

T	J	W	Ç	I	Y	A	B	I	X	O	N	W	D
T	I	J	T	G	C	O	Z	O	Z	C	C	K	U
O	Y	G	U	M	L	A	V	C	F	D	A	T	R
U	G	G	R	G	L	Z	A	S	O	P	A	R	S
R	V	E	U	E	E	T	O	I	O	C	P	Q	O
O	T	A	G	S	Ã	Q	X	P	E	X	A	U	C
H	Ç	A	N	S	O	Q	J	P	Z	L	S	I	O
A	U	J	A	F	A	R	I	G	X	Y	A	S	E
L	G	D	C	E	L	E	F	A	N	T	E	B	L
I	O	W	I	K	R	O	V	E	L	H	A	C	H
R	Y	B	S	G	O	L	F	I	N	H	O	Ã	O
O	C	Ç	O	C	A	V	A	L	O	T	X	O	Z
G	M	A	C	A	C	O	Z	E	B	R	A	N	D
Z	L	R	P	L	F	F	H	V	L	M	K	T	G

BALEIA
GATO
CAVALO
CÃO
COIOTE
GOLFINHO
ELEFANTE
GIRAFA
GORILA
CANGURU
COELHO
LEÃO
LOBO
OVELHA
URSO
RAPOSA
MACACO
TOURO
TIGRE
ZEBRA

20 - Chocolat

M	R	N	L	E	D	N	O	C	Ç	P	Z	E	C
J	O	J	F	J	Z	E	K	S	O	K	Ó	X	A
D	B	S	B	C	Z	J	L	N	W	C	Z	Ó	R
C	A	L	O	R	I	A	S	I	D	L	O	T	A
C	S	A	F	M	D	D	I	O	C	W	R	I	M
H	J	Ç	Ç	S	Z	F	C	D	H	I	U	C	E
I	N	G	R	E	D	I	E	N	T	E	O	O	L
A	R	O	M	A	W	Y	D	E	R	D	T	S	O
J	T	G	H	X	A	S	U	M	E	O	I	A	O
B	O	R	Z	M	U	A	C	A	C	C	R	Ç	T
Q	U	A	L	I	D	A	D	E	E	E	O	Ú	S
F	I	M	O	F	R	R	R	Z	I	Z	V	C	O
C	P	A	O	H	T	M	J	W	T	P	A	A	G
A	R	T	E	S	A	N	A	L	A	C	F	R	K

AMARGO
AROMA
ARTESANAL
AMENDOINS
CACAU
CALORIAS
CARAMELO
DELICIOSO
DOCE
EXÓTICO
FAVORITO
GOSTO
INGREDIENTE
COCO
PÓ
QUALIDADE
RECEITA
SABOR
AÇÚCAR

21 - Mathématiques

T	P	T	I	T	Q	U	A	D	R	A	D	O	H
I	A	S	I	M	E	T	R	I	A	Y	X	W	I
J	R	E	Q	U	A	Ç	Ã	O	V	M	Y	I	U
L	A	S	O	L	U	G	N	Â	J	T	O	J	O
E	L	A	P	A	R	A	L	E	L	O	B	S	Ç
X	E	R	D	M	T	R	I	Â	N	G	U	L	O
P	L	I	I	I	Y	P	O	L	Í	G	O	N	O
O	O	T	Â	C	G	E	O	M	E	T	R	I	A
E	G	M	M	E	C	M	I	Ã	K	M	S	N	M
N	R	É	E	D	S	T	A	O	Ç	J	J	H	U
T	A	T	T	H	M	O	R	G	S	A	D	E	H
E	M	I	R	V	O	L	U	M	E	Z	R	Q	N
P	O	C	O	R	T	E	M	Í	R	E	P	F	P
S	R	A	L	U	C	I	D	N	E	P	R	E	P

ÂNGULOS
ARITMÉTICA
QUADRADO
DECIMAL
DIÂMETRO
EXPOENTE
EQUAÇÃO
FRAÇÃO
GEOMETRIA
PARALELO
PARALELOGRAMO
PERPENDICULAR
PERÍMETRO
POLÍGONO
RAIO
SOMA
SIMETRIA
TRIÂNGULO
VOLUME

22 - Sport

Q	E	R	O	D	C	I	C	L	I	S	M	O	T
Q	D	K	B	N	I	Q	G	N	T	Ç	S	E	R
K	A	B	J	S	U	E	D	Ú	A	S	H	R	E
X	D	B	E	O	K	T	T	L	Y	Ç	C	E	I
A	I	V	T	L	Z	J	R	A	G	S	Z	S	N
M	C	J	I	U	Ç	Ç	R	I	T	F	A	I	A
A	A	C	V	C	T	H	Z	X	Ç	T	T	S	D
R	P	X	O	S	F	O	R	Ç	A	Ã	K	T	O
G	A	A	I	Ú	Ç	P	W	S	O	B	O	Ê	R
O	C	I	T	M	M	X	O	J	S	Ç	P	N	U
R	U	P	P	P	I	K	X	S	S	A	R	C	V
P	V	E	X	O	F	Z	E	C	O	H	O	I	K
J	O	G	G	I	N	G	A	L	S	M	C	A	V
A	T	L	E	T	A	D	M	R	U	A	B	L	R

ATLETA
CAPACIDADE
CORPO
CICLISMO
DIETA
RESISTÊNCIA
TREINADOR
FORÇA
JOGGING
MAXIMIZAR
MÚSCULOS
NUTRIÇÃO
OBJETIVO
OSSOS
PROGRAMA
SAÚDE

23 - Mythologie

H	X	I	T	R	O	V	Ã	O	S	Q	D	K	J
U	S	E	M	Ú	I	C	M	O	R	T	A	L	B
H	P	I	E	O	C	I	G	Á	M	J	C	T	E
W	O	T	N	I	R	I	B	A	L	I	E	V	O
O	T	N	E	M	A	T	R	O	P	M	O	C	Q
F	H	E	R	Ó	I	P	A	R	U	T	L	U	C
P	O	R	T	S	N	O	M	L	N	S	R	L	M
O	V	R	L	E	N	D	A	D	I	A	C	D	D
D	S	A	Ç	N	E	R	C	A	J	D	Ç	G	L
R	A	O	G	A	P	M	Â	L	E	R	A	H	J
A	R	Q	U	É	T	I	P	O	S	U	G	D	C
G	U	E	R	R	E	I	R	O	E	G	J	W	E
M	K	E	S	C	R	I	A	Ç	Ã	O	X	O	D
M	S	C	D	K	E	D	E	S	A	S	T	R	E

ARQUÉTIPO
DESASTRE
COMPORTAMENTO
CRIAÇÃO
CRENÇAS
CULTURA
RELÂMPAGO
FORÇA
GUERREIRO
HERÓI
IMORTALIDADE
CIÚMES
LABIRINTO
LENDA
MÁGICO
MONSTRO
MORTAL
TROVÃO

24 - Restaurant #2

B	Q	W	E	Z	Y	Q	F	X	F	O	H	S	N
Z	E	Ç	O	O	I	O	E	H	S	F	H	A	X
L	V	B	R	S	L	K	B	S	E	R	N	L	E
G	E	D	I	F	C	F	R	U	T	A	G	A	T
O	N	G	W	D	M	O	Ç	R	A	G	O	D	X
Z	Y	P	U	O	A	L	L	A	S	G	S	A	X
Y	T	N	K	M	V	E	B	H	J	B	O	T	A
Á	G	U	A	F	E	G	X	A	E	X	I	E	P
A	L	M	O	Ç	O	S	V	R	R	R	C	S	O
O	V	O	E	S	P	E	C	I	A	R	I	A	S
K	W	C	S	P	D	T	N	E	T	B	L	G	F
T	A	B	F	F	Y	B	X	D	N	O	E	A	K
M	A	C	A	R	R	Ã	O	A	A	L	D	Z	Y
X	E	M	C	N	T	P	Z	C	J	O	Q	M	C

BEBIDA
CADEIRA
COLHER
ALMOÇO
DELICIOSO
JANTAR
ÁGUA
ESPECIARIAS
GARFO
FRUTA
BOLO
GELO
LEGUMES
MACARRÃO
OVO
PEIXE
SALADA
SAL
GARÇOM
SOPA

25 - Beauté

E	F	O	T	O	G	Ê	N	I	C	O	N	M	S
L	L	E	M	Í	R	T	S	H	W	R	W	A	E
E	A	E	I	U	H	C	O	R	T	G	B	Q	R
P	Ç	U	G	O	W	Z	E	C	E	R	B	U	V
C	Ç	P	L	Â	Q	D	L	X	S	A	F	I	I
G	H	M	I	F	N	H	Ó	G	O	Ç	U	A	Ç
E	G	A	S	O	H	C	A	C	U	A	B	G	O
O	L	X	R	N	D	J	I	P	R	J	A	E	S
C	O	E	U	M	C	V	E	A	A	A	T	M	Y
V	Q	J	G	G	E	K	P	H	O	K	O	M	S
Ç	S	P	T	A	X	Z	M	O	O	V	M	M	U
Ç	N	B	G	I	N	E	S	P	E	L	H	O	A
Y	R	S	O	C	I	T	É	M	S	O	C	X	V
E	F	K	F	X	L	E	E	D	T	H	O	Y	E

CACHOS
CHARME
TESOURA
COSMÉTICOS
COR
ELEGÂNCIA
ELEGANTE
GRAÇA
ÓLEOS
SUAVE
MAQUIAGEM
RÍMEL
ESPELHO
PELE
FOTOGÊNICO
BATOM
SERVIÇOS
XAMPU

26 - Avions

U	D	X	Ç	L	D	D	X	G	W	I	L	A	T
V	J	Q	Q	V	A	E	J	U	O	S	T	T	C
M	F	Q	K	G	U	R	S	É	H	Z	F	E	A
D	J	R	D	K	F	I	C	C	O	Y	O	R	M
B	I	A	A	N	L	F	J	Y	I	Y	Ã	R	O
V	H	R	A	L	F	N	I	M	O	D	Ç	I	T
Ç	H	U	E	D	U	T	I	T	L	A	A	S	O
L	W	T	A	Ç	G	Ç	S	I	K	E	L	S	R
P	L	L	L	Z	Ã	O	W	I	A	P	U	A	A
J	C	A	C	W	P	O	T	O	L	I	P	G	V
A	V	E	N	T	U	R	A	O	H	U	I	E	Ç
T	H	I	D	R	O	G	Ê	N	I	O	R	M	Ç
H	I	S	T	Ó	R	I	A	G	T	X	T	Z	T
C	O	N	S	T	R	U	Ç	Ã	O	Ã	L	A	B

AR
ALTITUDE
ATERRISSAGEM
AVENTURA
BALÃO
CÉU
CONSTRUÇÃO
DESCIDA
DIREÇÃO
TRIPULAÇÃO
INFLAR
ALTURA
HISTÓRIA
HIDROGÊNIO
MOTOR
PILOTO

27 - Aventure

T	O	I	R	Á	R	E	N	I	T	I	B	C	N
Q	I	O	P	R	E	X	W	X	Z	S	R	H	A
I	H	K	P	I	D	C	J	Ç	H	Z	A	A	T
E	N	V	S	Q	A	U	V	O	Ç	S	V	N	U
N	P	C	I	D	D	R	W	G	F	M	U	C	R
T	R	S	O	P	I	S	R	P	K	L	R	E	E
U	E	E	Ã	M	N	Ã	Y	N	C	Y	A	B	Z
S	P	G	Ç	U	U	O	N	I	T	S	E	D	A
I	A	U	A	Y	T	M	A	L	E	G	R	I	A
A	R	R	G	J	R	P	E	R	I	G	O	S	O
S	A	A	E	Z	O	W	O	P	Y	C	V	B	S
M	Ç	N	V	Q	P	F	H	W	Ç	G	O	Q	C
O	Ã	Ç	A	M	O	A	E	W	C	N	N	S	A
D	O	A	N	B	E	L	E	Z	A	I	Ç	M	L

BELEZA
BRAVURA
CHANCE
PERIGOSO
DESTINO
ENTUSIASMO
EXCURSÃO
INCOMUM

ITINERÁRIO
ALEGRIA
NATUREZA
NAVEGAÇÃO
NOVO
OPORTUNIDADE
PREPARAÇÃO
SEGURANÇA

28 - Ville

Q	O	O	M	L	D	A	H	O	T	E	L	U	Ç
A	I	C	E	I	C	I	R	B	N	S	C	X	H
C	L	V	R	V	Y	R	S	A	L	Ã	O	H	H
H	B	L	C	R	F	E	L	T	Z	G	Z	V	Y
F	G	E	A	A	P	L	E	R	Z	R	S	G	R
T	A	K	D	R	M	A	O	E	S	C	O	L	A
E	M	R	O	I	Z	G	C	R	M	U	S	E	U
A	E	O	M	A	O	D	N	V	I	R	C	F	A
T	N	I	S	Á	L	C	A	F	F	S	N	M	A
R	I	D	Y	O	C	H	B	S	M	Q	T	F	P
O	C	Á	W	G	A	I	R	A	D	A	P	A	C
J	T	T	G	N	E	Z	A	C	I	N	Í	L	C
R	E	S	T	A	U	R	A	N	T	E	N	V	T
A	C	E	T	O	I	L	B	I	B	M	K	C	N

BANCO
BIBLIOTECA
PADARIA
CINEMA
CLÍNICA
ESCOLA
FLORISTA
GALERIA
HOTEL
LIVRARIA
MERCADO
MUSEU
FARMÁCIA
RESTAURANTE
SALÃO
ESTÁDIO
TEATRO

29 - Ingénierie

E	V	E	M	P	C	M	J	J	D	Q	L	G	D
N	Q	S	Á	C	R	T	E	S	O	M	W	Ç	E
G	L	T	Q	D	O	O	U	D	X	B	N	C	D
R	O	A	U	I	D	N	P	P	I	K	R	J	A
E	Z	B	I	A	I	M	S	U	E	Ç	I	N	D
N	C	I	N	G	U	Z	I	T	L	X	Ã	W	I
A	Á	L	A	R	Q	M	D	C	R	S	O	O	D
G	L	I	Ç	A	Í	O	I	L	X	U	Ã	Q	N
E	C	D	R	M	L	T	Â	I	E	K	Ç	O	U
N	U	A	O	A	E	O	M	D	U	G	A	Ã	F
S	L	D	F	I	S	R	E	G	J	K	T	B	O
X	O	E	U	Ç	E	Ç	T	H	Q	R	O	B	R
P	D	A	L	A	I	G	R	E	N	E	R	J	P
O	C	L	X	M	D	H	O	L	U	G	N	Â	A

ÂNGULO
EIXO
CÁLCULO
CONSTRUÇÃO
DIAGRAMA
DIÂMETRO
DIESEL
ENGRENAGENS
ENERGIA
FORÇA
LÍQUIDO
MÁQUINA
MEDIÇÃO
MOTOR
PROFUNDIDADE
PROPULSÃO
ROTAÇÃO
ESTABILIDADE

30 - Énergie

Z	W	Z	V	A	N	O	R	T	É	L	E	X	E
L	E	S	E	I	D	U	V	E	N	T	O	K	L
E	T	T	M	R	E	N	C	W	K	S	N	P	É
V	N	Q	O	E	U	E	V	L	F	O	C	F	T
Í	E	R	O	T	P	J	J	L	E	L	Q	Ó	R
T	I	C	Y	A	N	I	L	O	S	A	G	T	I
S	B	H	A	B	X	D	H	J	Z	Y	R	O	C
U	M	I	N	L	H	Y	J	Ç	L	S	F	N	O
B	A	W	W	J	O	Ã	Ç	I	U	L	O	P	A
M	T	L	L	A	I	R	T	S	Ú	D	N	I	U
O	O	I	N	Ê	G	O	R	D	I	H	Y	R	C
C	Ç	T	E	N	T	R	O	P	I	A	O	S	E
L	E	M	O	S	R	E	N	O	V	Á	V	E	L
A	N	I	B	R	U	T	C	A	R	B	O	N	O

BATERIA
CARBONO
COMBUSTÍVEL
CALOR
DIESEL
ENTROPIA
AMBIENTE
GASOLINA
ELÉTRICO
ELÉTRON
HIDROGÊNIO
INDÚSTRIA
MOTOR
NUCLEAR
FÓTON
POLUIÇÃO
RENOVÁVEL
SOL
TURBINA
VENTO

31 - Cuisine

G	G	U	A	R	D	A	N	A	P	O	G	G	C
G	A	O	U	A	Y	L	S	A	Z	N	R	E	O
X	J	R	L	J	F	E	D	V	N	R	E	L	L
J	N	C	F	O	V	G	O	E	C	O	L	A	H
N	O	Q	H	O	V	I	S	N	I	F	H	D	E
B	P	X	B	A	S	T	O	T	W	F	A	E	R
O	S	X	S	O	L	O	H	A	W	P	T	I	E
R	E	C	U	P	S	E	N	L	K	V	R	R	S
R	E	Z	E	E	R	F	I	E	U	E	V	A	A
A	H	C	N	O	C	D	Z	R	O	M	I	C	C
J	Ç	R	E	N	Q	P	U	Q	A	J	H	W	A
K	F	X	J	I	B	C	A	F	V	O	T	Q	F
Q	M	H	M	Z	T	E	P	S	D	U	K	U	S
U	J	S	A	I	R	A	I	C	E	P	S	E	O

PAUZINHOS
TIGELA
CHALEIRA
FREEZER
FACAS
JARRO
COLHERES
ESPECIARIAS
ESPONJA
FORNO
GARFOS
GRELHA
CONCHA
JAR
RECEITA
GELADEIRA
GUARDANAPO
AVENTAL
CUPS

32 - Corps Humain

P	P	Q	O	B	J	W	Y	N	M	P	C	T	R
G	E	G	X	O	F	M	L	C	A	E	O	O	O
W	A	L	I	C	I	M	Ã	S	N	H	R	R	S
D	E	H	E	A	H	F	U	O	D	Q	A	N	T
Q	V	R	U	W	O	U	N	I	Í	Z	Ç	O	O
J	L	P	Q	S	G	C	Z	B	B	K	Ã	Z	A
C	A	B	E	Ç	A	O	I	Á	U	M	O	E	Ç
S	H	R	C	F	M	T	R	L	L	Ç	Ç	L	O
A	L	V	Ç	P	Ô	O	A	B	A	X	O	O	Z
N	E	G	Y	U	T	V	N	G	M	E	C	Z	I
G	R	Q	T	I	S	E	C	Q	U	O	S	Q	O
U	O	D	E	D	E	L	X	O	H	L	E	O	J
E	H	F	J	L	V	O	C	N	H	X	P	R	W
C	P	C	É	R	E	B	R	O	F	O	X	H	C

BOCA
CÉREBRO
TORNOZELO
PESCOÇO
COTOVELO
CORAÇÃO
DEDO
ESTÔMAGO
OMBRO
JOELHO
LÁBIOS
MÃO
MANDÍBULA
QUEIXO
NARIZ
ORELHA
PELE
SANGUE
CABEÇA
ROSTO

33 - Épices

T	N	B	A	X	C	W	O	X	K	D	Y	S	M
S	M	A	T	M	A	O	A	A	A	E	D	A	X
D	N	U	N	M	A	E	M	E	L	N	S	B	G
C	C	N	E	Q	D	R	U	I	E	S	B	O	J
A	J	I	M	W	A	B	G	R	N	S	A	R	F
R	Z	L	I	E	C	I	B	O	A	H	L	R	U
I	U	H	P	S	S	G	P	M	C	R	O	V	N
L	Ç	A	P	A	O	N	Á	O	M	N	B	F	C
F	A	U	H	L	M	E	P	M	K	K	E	A	H
W	C	N	I	D	Z	G	R	A	A	S	C	E	O
Q	L	A	I	C	O	M	I	D	Z	A	L	H	O
V	A	K	E	S	N	H	C	R	E	V	Z	Y	N
A	Ç	A	F	R	Ã	O	A	A	D	J	Ç	B	O
C	O	E	N	T	R	O	U	C	O	N	A	T	A

AZEDO
ALHO
AMARGO
ANIS
CANELA
CARDAMOMO
COENTRO
COMINHO
CARIL
FUNCHO
GENGIBRE
NOZ-MOSCADA
CEBOLA
PÁPRICA
PIMENTA
ALCAÇUZ
AÇAFRÃO
SABOR
SAL
BAUNILHA

34 - Science

U	P	S	F	F	Y	P	Ç	J	A	Ç	D	Ç	G
V	A	A	K	Í	Ó	Ç	U	N	J	B	M	L	R
R	R	L	P	Y	S	S	K	E	N	O	A	Ç	A
Y	T	U	Y	P	T	I	S	L	D	S	C	P	V
C	Í	C	Z	P	Q	G	C	I	C	I	Y	N	I
N	C	É	T	L	D	X	W	A	L	A	S	Z	D
A	U	L	A	B	O	R	A	T	Ó	R	I	O	A
T	L	O	Y	D	F	M	M	Q	F	E	X	C	D
U	A	M	Y	A	M	I	L	C	I	N	S	I	E
R	S	Ç	Ç	D	O	R	G	A	N	I	S	M	O
E	D	E	T	O	M	O	T	Á	Ç	M	N	Í	T
Z	L	A	E	S	E	T	Ó	P	I	H	N	U	A
A	E	X	P	E	R	I	Ê	N	C	I	A	Q	F
E	V	O	L	U	Ç	Ã	O	M	É	T	O	D	O

ÁTOMO
QUÍMICO
CLIMA
DADOS
EXPERIÊNCIA
EVOLUÇÃO
FATO
FÓSSIL
GRAVIDADE
HIPÓTESE
LABORATÓRIO
MÉTODO
MINERAIS
MOLÉCULAS
NATUREZA
ORGANISMO
PARTÍCULAS
FÍSICA

35 - Vêtements

A	T	E	U	Q	A	J	M	R	H	C	O	T	R
D	S	K	S	Y	G	V	D	M	L	O	K	E	S
C	T	E	W	H	I	Y	E	O	B	L	A	L	A
I	A	S	U	É	T	E	R	N	C	A	K	Q	N
R	Z	L	Y	G	Y	D	T	B	T	R	Y	X	D
S	T	D	Ç	X	P	M	Z	E	F	A	J	Ç	Á
A	F	M	R	A	S	N	A	E	J	B	L	S	L
P	A	E	R	C	A	R	I	E	S	L	U	P	I
A	M	O	D	A	I	J	A	Y	T	U	É	P	A
T	A	T	C	A	A	H	J	S	W	S	P	D	S
O	J	N	H	A	S	I	M	A	C	A	A	Ç	F
V	I	I	E	E	S	V	G	V	K	D	H	T	S
P	P	C	M	P	H	A	R	U	V	D	C	M	R
V	E	S	T	I	D	O	C	L	E	N	Ç	O	O

PULSEIRA
CINTO
CHAPÉU
SAPATO
CAMISA
BLUSA
COLAR
LENÇO
LUVAS
JEANS
SAIA
CASACO
MODA
CALÇA
SUÉTER
PIJAMA
VESTIDO
SANDÁLIAS
AVENTAL
JAQUETA

36 - Arts Visuels

A	R	U	T	L	U	C	S	E	E	S	V	A	X
T	R	L	Á	P	I	S	E	X	S	G	J	R	J
E	O	Q	P	I	N	T	U	R	A	L	Y	G	O
N	V	B	U	C	A	V	A	L	E	T	E	I	Ã
A	E	L	R	I	A	R	T	I	S	T	A	L	Ç
C	R	I	T	A	T	T	V	C	K	G	Z	A	I
I	N	C	W	X	P	E	M	L	I	F	R	C	S
Ç	I	N	Y	T	F	R	T	C	A	R	V	Ã	O
H	Z	Ê	V	I	F	J	I	U	G	T	B	B	P
R	E	T	R	A	T	O	I	M	R	D	L	P	M
X	H	S	X	Y	E	X	B	Z	A	A	Q	B	O
V	Y	E	F	V	O	V	Q	G	C	E	R	A	C
M	E	F	X	Y	L	A	C	I	M	Â	R	E	C
Ç	Z	R	L	A	M	R	Q	Z	R	E	F	I	V

ARQUITETURA
ARGILA
ARTISTA
CERÂMICA
CARVÃO
OBRA-PRIMA
CAVALETE
CERA
COMPOSIÇÃO
GIZ
LÁPIS
FILME
PINTURA
ESTÊNCIL
RETRATO
ESCULTURA
CANETA
VERNIZ

37 - Méditation

A	A	C	O	Ã	Ç	N	E	T	A	F	V	Z	J
I	C	I	B	H	Á	B	I	T	O	S	Ç	Ç	Q
H	E	Z	S	F	M	O	V	I	M	E	N	T	O
P	I	U	E	D	A	D	N	O	B	S	J	D	D
O	T	X	R	O	Ã	X	I	A	P	M	O	C	A
S	A	L	V	T	T	C	A	Z	A	P	D	S	Ç
T	Ç	C	A	V	I	T	C	E	P	S	R	E	P
U	Ã	A	Ç	T	G	I	I	R	J	C	T	Õ	H
R	O	L	Ã	N	N	A	S	U	Y	L	B	Ç	R
A	L	M	O	N	G	E	Ú	T	J	A	L	O	Ç
S	Z	O	D	C	I	X	M	A	X	R	W	M	X
A	C	O	R	D	A	D	O	N	P	E	Y	E	X
R	E	S	P	I	R	A	N	D	O	Z	T	K	E
Ç	K	D	Y	A	O	Ã	D	I	T	A	R	G	Ç

ACEITAÇÃO
ATENÇÃO
CALMO
CLAREZA
COMPAIXÃO
EMOÇÕES
ACORDADO
BONDADE
GRATIDÃO
HÁBITOS
MENTAL
MOVIMENTO
MÚSICA
NATUREZA
OBSERVAÇÃO
PAZ
PERSPECTIVA
POSTURA
RESPIRANDO

38 - Littérature

P	N	D	I	Á	L	O	G	O	O	F	W	N	N
C	O	N	C	L	U	S	Ã	O	V	X	C	A	B
C	Ã	L	A	Q	S	D	Ç	M	K	B	S	R	E
U	Ç	J	I	A	Q	E	P	T	S	C	E	R	R
F	C	Q	L	T	A	Z	O	I	S	P	P	A	C
I	I	N	B	O	S	E	É	R	I	M	A	D	O
T	F	K	R	D	A	E	T	R	A	M	I	O	M
P	E	C	O	E	N	Y	I	O	N	E	F	R	P
S	O	M	S	N	Á	R	C	M	A	T	A	O	A
H	N	E	A	A	L	Y	O	A	L	Á	R	T	R
U	Y	U	M	E	I	U	L	N	O	F	G	U	A
D	C	Z	V	A	S	U	T	C	G	O	O	A	Ç
O	N	E	N	P	E	C	Q	E	I	R	I	O	Ã
D	E	S	C	R	I	Ç	Ã	O	A	A	B	G	O

ANALOGIA
ANÁLISE
ANEDOTA
AUTOR
BIOGRAFIA
COMPARAÇÃO
CONCLUSÃO
DESCRIÇÃO
DIÁLOGO
FICÇÃO
METÁFORA
NARRADOR
POEMA
POÉTICO
RIMA
ROMANCE
RITMO
ESTILO
TEMA

39 - Nourriture #1

A	L	O	B	E	C	S	P	S	H	S	C	R	D
R	T	C	S	W	T	A	O	Q	D	F	A	Y	V
E	S	U	O	L	C	I	T	P	N	Y	R	M	U
P	A	S	M	I	A	L	E	N	A	C	N	J	L
Y	L	E	Ç	M	X	T	R	L	R	A	E	I	L
L	E	D	G	Ã	D	C	F	A	U	U	F	X	L
D	B	B	I	O	Ç	F	A	T	O	Z	C	C	F
O	O	B	A	N	U	P	N	F	N	T	A	H	N
W	G	O	N	Ç	W	K	I	R	E	Z	F	S	X
S	N	H	C	A	T	H	P	E	C	L	É	C	R
S	A	L	A	D	A	G	S	C	E	V	A	D	A
D	R	A	C	Ú	Ç	A	E	I	Y	T	A	P	B
Z	O	Ã	C	I	R	E	J	N	A	M	T	Ç	Q
Q	M	I	J	Z	X	R	P	J	E	R	V	J	U

ALHO
MANJERICÃO
CAFÉ
CANELA
CENOURA
LIMÃO
ESPINAFRE
MORANGO
SUCO
LEITE
NABO
CEBOLA
CEVADA
PERA
SALADA
SAL
SOPA
AÇÚCAR
ATUM
CARNE

40 - Jours et Mois

F	C	J	S	S	C	M	I	H	O	G	H	N	F
I	A	A	E	O	Á	X	X	C	G	R	Y	O	E
Z	L	N	T	Ç	M	B	F	D	N	Z	A	V	V
H	E	E	E	F	V	P	A	L	I	B	L	E	E
H	N	I	M	M	U	Ç	C	D	M	G	C	M	R
A	D	R	B	P	V	D	J	P	O	Z	N	B	E
B	Á	O	R	S	O	F	U	H	D	B	C	R	I
R	R	H	O	Ê	P	A	N	A	M	E	S	O	R
I	I	L	M	M	T	Ç	H	C	K	Q	O	Z	O
L	O	U	V	A	V	E	O	R	B	U	T	U	O
Ç	D	J	F	R	D	X	R	D	R	V	I	M	Y
X	U	O	N	Ç	V	R	Ç	Ç	P	H	Q	V	P
T	D	J	Y	O	T	S	O	G	A	R	N	B	V
S	E	G	U	N	D	A	F	E	I	R	A	J	Ç

AGOSTO
ABRIL
CALENDÁRIO
DOMINGO
FEVEREIRO
JANEIRO
JULHO
JUNHO
SEGUNDA-FEIRA
TERÇA
MARÇO
MÊS
NOVEMBRO
OUTUBRO
SÁBADO
SEMANA
SETEMBRO

41 - Jardinage

U	M	I	D	A	D	E	P	B	Q	B	P	B	M
V	U	B	U	Q	U	Ê	M	X	K	O	U	G	A
S	L	A	R	O	L	F	C	S	A	T	M	S	N
E	A	R	I	E	J	U	S	I	R	Â	S	E	G
I	N	O	G	B	U	Y	V	M	O	N	Ç	M	U
C	O	M	E	S	T	Í	V	E	L	I	U	E	E
É	Z	C	S	O	L	O	F	G	F	C	Á	N	I
P	A	M	I	L	C	V	I	A	X	O	G	T	R
S	S	A	P	T	W	S	G	H	H	U	U	E	A
E	Y	L	M	M	Ó	Z	J	L	P	L	A	S	C
V	U	B	E	E	K	X	X	O	S	O	O	P	E
Z	Q	G	Q	F	X	I	E	F	N	G	M	F	E
C	O	M	P	O	S	T	O	A	W	O	Z	A	U
R	E	C	I	P	I	E	N	T	E	K	M	P	R

BOTÂNICO
BUQUÊ
CLIMA
COMESTÍVEL
COMPOSTO
ÁGUA
ESPÉCIES
EXÓTICO
FOLHAGEM
FOLHA
FLOR
FLORAL
SEMENTES
UMIDADE
RECIPIENTE
SAZONAL
SUJEIRA
SOLO
MANGUEIRA
POMAR

42 - Entreprise

F	E	I	M	P	O	S	T	O	S	O	Z	M	D
L	Z	M	M	B	M	O	E	D	A	T	T	E	I
U	E	C	P	Q	Ç	V	T	Z	K	N	R	R	N
C	C	A	F	R	X	K	A	W	V	E	A	C	H
R	O	R	Z	Á	E	Z	Q	L	E	M	N	A	E
O	N	R	C	E	B	G	R	J	N	I	S	D	I
D	O	E	X	U	O	R	A	R	D	D	A	O	R
A	M	I	J	S	S	L	I	D	A	N	Ç	R	O
G	I	R	C	S	F	T	L	C	O	E	Ã	I	H
E	A	A	J	O	L	I	O	Y	A	R	O	A	O
R	W	C	T	E	S	C	R	I	T	Ó	R	I	O
P	O	R	Ç	A	M	E	N	T	O	B	O	X	P
M	E	M	P	R	E	S	A	Ç	N	A	N	I	F
E	I	N	V	E	S	T	I	M	E	N	T	O	F

DINHEIRO
LOJA
ORÇAMENTO
ESCRITÓRIO
CARREIRA
CUSTO
MOEDA
EMPREGADOR
EMPREGADO
EMPRESA
ECONOMIA
FINANÇA
IMPOSTOS
INVESTIMENTO
MERCADORIA
LUCRO
RENDIMENTO
TRANSAÇÃO
FÁBRICA
VENDA

43 - Mode

B	L	E	F	Y	S	A	M	J	B	F	O	Q	H
O	E	S	C	M	F	P	K	O	D	I	C	E	T
T	V	T	I	C	K	U	C	M	D	R	O	X	W
Õ	Á	I	K	H	H	O	H	E	O	E	Z	M	L
E	T	L	Y	O	N	R	E	D	O	M	S	A	X
S	R	O	L	A	N	I	G	I	R	O	Ç	T	S
B	O	U	T	I	Q	U	E	D	E	D	A	N	O
K	F	R	A	T	S	I	L	A	M	I	N	I	M
Q	N	E	A	D	N	E	R	S	S	H	N	T	Ç
B	O	A	I	C	N	Ê	D	N	E	T	X	P	S
A	C	E	S	S	Í	V	E	L	K	D	J	X	A
X	P	R	Á	T	I	C	O	D	A	D	R	O	B
P	W	K	L	I	E	L	E	G	A	N	T	E	I
S	I	M	P	L	E	S	T	E	X	T	U	R	A

ACESSÍVEL
BOUTIQUE
BOTÕES
BORDADO
CARO
CONFORTÁVEL
RENDA
ELEGANTE
MEDIDAS
MINIMALISTA
MODERNO
MODESTO
ORIGINAL
PRÁTICO
SIMPLES
ESTILO
TENDÊNCIA
TEXTURA
TECIDO
ROUPA

44 - Fleurs

L	G	Ç	F	D	D	W	M	P	B	U	G	J	C
F	A	I	R	E	M	U	L	P	B	C	H	I	H
J	W	V	R	A	B	I	J	I	C	P	A	Z	I
D	A	H	A	A	D	I	R	A	G	R	A	M	B
K	N	S	G	N	S	J	G	H	M	G	E	B	I
N	W	Á	M	B	D	S	V	W	A	A	D	U	S
P	Z	L	J	I	Ç	A	O	G	G	R	Í	Q	C
É	L	I	E	G	M	L	S	L	N	D	U	U	O
T	O	L	V	Z	O	U	I	G	Ó	Ê	Q	Ê	V
A	I	N	Ô	E	P	O	C	D	L	N	R	L	E
L	R	O	S	A	Q	P	R	P	I	I	O	W	R
A	Í	H	K	B	Q	A	A	G	A	A	D	E	T
F	L	C	Y	H	V	P	N	T	U	L	I	P	A
D	E	N	T	E	D	E	L	E	Ã	O	E	Q	U

BUQUÊ
GARDÊNIA
HIBISCO
JASMIM
NARCISO
LAVANDA
LILÁS
LÍRIO
MAGNÓLIA
MARGARIDA
ORQUÍDEA
PAPOULA
PÉTALA
DENTE-DE-LEÃO
PEÔNIA
PLUMERIA
ROSA
GIRASSOL
TREVO
TULIPA

45 - Nourriture #2

M	C	W	A	R	D	M	T	S	P	V	W	C	Y
A	H	A	R	I	C	Z	S	L	K	F	M	H	O
N	O	E	R	E	A	N	A	N	A	B	G	J	Ç
G	C	Q	O	Q	L	V	C	Ç	A	I	P	O	W
A	O	I	Z	O	E	B	R	Ó	C	O	L	I	S
L	L	L	S	V	G	A	M	Ê	N	D	O	A	G
J	A	Y	O	O	N	V	K	S	G	M	R	Q	E
X	T	V	T	Ã	I	W	I	K	S	O	A	Q	B
O	E	X	N	P	R	S	E	Y	H	L	A	Ç	R
C	O	G	U	M	E	L	O	G	N	A	R	F	Ã
C	F	A	S	L	B	X	G	I	A	F	E	A	B
N	F	U	E	D	U	Q	I	C	E	R	E	J	A
G	X	V	R	U	O	Z	R	E	T	A	M	O	T
F	N	A	P	F	N	Z	T	S	P	M	K	M	J

AMÊNDOA
BERINGELA
BANANA
TRIGO
BRÓCOLIS
CEREJA
AIPO
COGUMELO
CHOCOLATE
PRESUNTO
KIWI
MANGA
OVO
PÃO
PEIXE
MAÇÃ
FRANGO
UVA
ARROZ
TOMATE

46 - Algèbre

S	F	V	A	R	I	Á	V	E	L	S	E	G	K
B	U	A	N	Ú	M	E	R	O	J	O	X	R	K
D	F	B	T	Z	E	R	O	Z	S	L	P	Á	G
I	R	P	T	O	S	L	A	F	J	U	O	F	X
A	A	R	M	R	R	G	I	V	P	Ç	E	I	X
G	Ç	O	T	R	A	E	N	I	L	Ã	N	C	P
R	Ã	B	T	B	L	Ç	Q	M	G	O	T	O	A
A	O	L	K	Z	U	E	Ã	U	M	J	E	M	R
M	W	E	B	Z	M	A	N	O	A	F	Z	I	Ê
A	Z	M	Z	I	R	T	A	M	J	Ç	S	Y	N
U	W	A	Z	P	Ó	L	G	I	Z	W	Ã	Ç	T
O	T	I	N	I	F	N	I	Z	B	X	T	O	E
U	P	Q	U	A	N	T	I	D	A	D	E	Ç	S
S	I	M	P	L	I	F	I	C	A	R	M	G	E

DIAGRAMA
EXPOENTE
EQUAÇÃO
FATOR
FALSO
FÓRMULA
FRAÇÃO
GRÁFICO
INFINITO
LINEAR
MATRIZ
NÚMERO
PARÊNTESE
PROBLEMA
QUANTIDADE
SIMPLIFICAR
SOLUÇÃO
SUBTRAÇÃO
VARIÁVEL
ZERO

47 - Océan

S	H	O	O	J	E	U	G	N	A	R	A	C	Q
L	G	N	Q	E	F	T	O	Ã	R	A	B	U	T
P	J	D	I	N	I	E	L	P	Q	R	Ç	M	I
B	E	A	H	G	C	M	F	A	Ç	T	D	L	X
P	A	S	S	U	E	P	I	G	R	S	V	A	K
D	E	L	W	I	R	E	N	U	V	O	K	X	B
V	D	I	E	A	Q	S	H	R	D	X	C	W	Y
Z	Q	A	X	I	Y	T	O	A	G	L	A	X	K
X	X	F	R	E	A	A	I	T	X	V	Ç	K	P
M	E	D	U	S	A	D	G	R	P	O	L	V	O
U	Ç	R	H	W	M	E	U	A	F	N	F	C	S
T	E	U	B	A	R	C	O	T	H	V	M	M	A
A	C	A	M	A	R	Ã	O	H	X	M	R	B	L
E	S	P	O	N	J	A	U	D	E	D	O	Ç	T

ALGA
ENGUIA
BALEIA
BARCO
CORAL
CARANGUEJO
CAMARÃO
GOLFINHO
ESPONJA
OSTRA
MEDUSA
PEIXE
POLVO
TUBARÃO
RECIFE
SAL
TEMPESTADE
ATUM
TARTARUGA
ONDAS

48 - Antiquités

R	O	L	A	V	H	N	H	W	F	T	G	D	B
I	L	E	D	A	D	I	L	A	U	Q	A	E	G
F	U	I	A	V	T	G	N	I	E	X	L	C	S
X	C	L	I	N	C	O	M	U	M	T	E	O	C
V	É	Ã	K	X	A	V	L	Ç	Y	C	R	R	E
K	S	O	L	I	T	S	E	Ç	H	X	I	A	S
E	L	E	G	A	N	T	E	T	K	K	A	T	C
I	N	V	E	S	T	I	M	E	N	T	O	I	U
P	O	Ã	Ç	A	R	U	A	T	S	E	R	V	L
R	F	S	A	D	A	C	É	D	R	U	O	O	T
E	L	H	O	E	P	I	N	T	U	R	A	S	U
Ç	B	A	K	O	C	I	T	N	Ê	T	U	A	R
O	B	J	I	M	Y	Z	O	V	E	L	H	O	A
M	O	B	I	L	I	Á	R	I	O	B	O	P	Z

ARTE
AUTÊNTICO
DÉCADAS
DECORATIVO
LEILÃO
ELEGANTE
GALERIA
INCOMUM
INVESTIMENTO
MOBILIÁRIO
PINTURAS
MOEDAS
PREÇO
QUALIDADE
RESTAURAÇÃO
ESCULTURA
SÉCULO
ESTILO
VALOR
VELHO

49 - Ballet

W	R	E	O	C	I	L	B	Ú	P	C	M	C	A
G	C	S	L	S	L	G	Ç	P	C	L	Ú	O	X
F	V	O	I	J	O	M	T	I	R	H	S	R	E
B	N	L	T	W	L	I	E	C	S	O	C	E	Q
I	C	O	S	A	S	S	C	P	S	Q	U	O	Ç
I	N	T	E	N	S	I	D	A	D	E	L	G	O
E	T	É	C	N	I	C	A	V	R	M	O	R	R
N	B	A	I	L	A	R	I	N	A	G	S	A	Q
S	O	N	I	R	A	Ç	N	A	D	N	V	F	U
A	C	I	S	Ú	M	Q	A	E	W	L	G	I	E
I	H	A	B	I	L	I	D	A	D	E	E	A	S
O	C	I	T	S	Í	T	R	A	L	R	S	V	T
C	O	M	P	O	S	I	T	O	R	Q	T	F	R
A	P	L	A	U	S	O	R	L	D	A	O	A	A

APLAUSO
ARTÍSTICO
BAILARINA
COREOGRAFIA
HABILIDADE
COMPOSITOR
DANÇARINOS
GESTO
GRACIOSO
INTENSIDADE
MÚSCULOS
MÚSICA
ORQUESTRA
PÚBLICO
ENSAIO
RITMO
SOLO
ESTILO
TÉCNICA

50 - Fruit

A	F	Ç	I	B	I	O	P	S	P	L	G	Y	D
E	R	Ç	V	F	B	Ã	Ã	Ê	U	S	E	V	Y
S	A	V	U	B	K	L	D	M	S	A	Ç	N	F
P	M	U	Z	J	N	E	J	A	I	S	Z	Q	I
E	B	X	Ç	N	L	M	Q	N	V	L	E	F	G
R	O	C	S	A	M	A	D	G	Y	H	W	G	O
A	E	T	A	C	A	B	A	A	J	G	G	L	O
B	S	B	L	G	O	I	A	B	A	G	K	M	Ã
E	A	Z	D	A	C	E	R	E	J	A	I	A	M
Ç	G	H	V	H	R	I	T	Y	U	K	W	Ç	A
B	A	N	A	N	A	A	O	B	H	B	I	Ã	M
C	B	Y	N	O	I	N	N	A	C	J	E	T	J
A	B	A	C	A	X	I	O	J	W	Q	Q	B	K
N	E	C	T	A	R	I	N	A	A	D	W	Ç	O

DAMASCO
ABACAXI
ABACATE
BAGA
BANANA
CEREJA
LIMÃO
FIGO
FRAMBOESA
GOIABA
KIWI
MANGA
MELÃO
NECTARINA
LARANJA
MAMÃO
PÊSSEGO
PERA
MAÇÃ
UVA

51 - Musique

H	Ç	S	S	M	H	C	M	U	B	L	Á	A	M
P	Ç	C	I	U	F	A	L	E	Y	X	M	X	Ú
V	C	Ç	I	S	I	R	R	Á	L	V	V	X	S
O	Y	R	W	I	Q	E	O	M	S	O	Q	S	I
M	F	B	P	C	Ç	P	T	R	O	S	D	M	C
R	A	T	N	A	C	Ó	N	T	J	N	I	I	O
P	L	T	J	L	A	L	A	C	O	V	I	C	A
B	A	L	A	D	A	J	C	J	R	B	P	A	O
N	N	D	L	H	A	R	M	Ô	N	I	C	O	C
M	I	C	R	O	F	O	N	E	O	O	T	M	I
T	E	M	P	O	P	O	É	T	I	C	O	T	M
G	R	A	V	A	Ç	Ã	O	B	V	J	V	I	T
I	N	S	T	R	U	M	E	N	T	O	I	R	Í
L	Í	R	I	C	O	L	G	Z	B	Y	V	Ç	R

ÁLBUM
BALADA
CANTAR
CANTOR
CLÁSSICO
GRAVAÇÃO
HARMONIA
HARMÔNICO
INSTRUMENTO
LÍRICO
MELODIA
MICROFONE
MUSICAL
MÚSICO
ÓPERA
POÉTICO
RITMO
RÍTMICO
TEMPO
VOCAL

52 - Météo

B	R	I	S	A	G	Z	T	N	M	C	E	F	T
Q	W	A	T	A	N	E	A	J	O	L	D	K	E
M	D	R	L	F	Y	X	L	S	N	I	A	P	M
G	Q	E	Z	O	C	E	S	O	Ç	M	T	P	P
P	B	F	V	M	P	P	V	S	Ã	A	S	C	E
Z	C	S	L	L	O	R	I	E	O	V	E	N	R
Y	O	O	D	A	N	R	O	T	Ç	V	P	N	A
B	O	M	F	C	S	E	C	A	E	V	M	A	T
R	Z	T	A	U	É	C	X	B	R	Ç	E	C	U
L	B	A	S	I	R	Í	O	C	R	A	T	A	R
N	U	V	E	M	L	A	C	I	P	O	R	T	A
E	Y	F	T	K	U	G	C	W	Ç	I	P	P	Ç
P	F	C	Q	L	U	W	O	Ã	V	O	R	T	R
U	Z	W	G	B	N	L	U	T	O	T	N	E	V

ARCO-ÍRIS
ATMOSFERA
BRISA
NEVOEIRO
CALMO
CÉU
CLIMA
GELO
MONÇÃO
NUVEM
FURACÃO
POLAR
SECO
SECA
TEMPERATURA
TEMPESTADE
TROVÃO
TORNADO
TROPICAL
VENTO

53 - L'Entreprise

X	S	T	V	C	R	G	L	O	B	A	L	P	I
O	Ã	Ç	A	T	N	E	S	E	R	P	A	R	N
M	S	T	O	Ã	S	I	C	E	D	L	C	O	V
H	E	D	A	D	I	L	A	U	Q	V	X	D	E
A	I	R	T	S	Ú	D	N	I	R	S	X	U	S
O	G	E	R	P	M	E	E	U	Z	S	G	T	T
Ã	N	O	S	S	E	R	G	O	R	P	O	O	I
Ç	N	X	C	P	T	Q	Ó	T	N	V	G	S	M
A	T	I	E	C	E	R	C	K	G	I	Ç	P	E
T	R	X	T	C	O	V	I	T	A	I	R	C	N
U	B	F	A	P	Q	S	O	C	S	I	R	Y	T
P	O	S	S	I	B	I	L	I	D	A	D	E	O
E	T	E	N	D	Ê	N	C	I	A	S	L	S	M
R	Z	V	F	S	I	N	O	V	A	D	O	R	M

NEGÓCIO
CRIATIVO
DECISÃO
EMPREGO
GLOBAL
INDÚSTRIA
INOVADOR
INVESTIMENTO
POSSIBILIDADE
APRESENTAÇÃO
PRODUTO
PROGRESSO
QUALIDADE
RECURSOS
RECEITA
REPUTAÇÃO
RISCOS
TENDÊNCIAS

54 - Gouvernement

N	L	I	B	E	R	D	A	D	E	D	G	Y	D
P	A	I	N	A	D	A	D	I	C	U	N	L	D
J	O	C	I	F	Í	C	A	P	H	R	R	P	I
Y	L	A	I	C	I	D	U	J	T	W	J	B	S
E	E	E	F	O	T	N	E	M	U	N	O	M	C
N	D	Ç	I	D	N	S	L	P	H	A	D	V	U
D	A	P	T	Z	B	A	W	O	I	T	A	D	S
I	D	Ç	A	J	P	O	L	L	F	S	T	Ç	S
S	L	G	Ã	F	R	E	G	Í	W	F	S	Ç	Ã
C	A	W	J	O	H	L	Ç	T	Y	T	E	Ç	O
U	U	Ç	M	G	S	O	T	I	E	R	I	D	T
R	G	C	I	V	I	L	O	C	Q	B	S	N	M
S	I	B	T	P	M	L	R	A	C	A	J	F	T
O	Ã	Ç	I	U	T	I	T	S	N	O	C	L	R

CIDADANIA
CIVIL
CONSTITUIÇÃO
DISCURSO
DISCUSSÃO
DIREITOS
IGUALDADE
ESTADO
JUDICIAL
LIBERDADE
LEI
MONUMENTO
NAÇÃO
NACIONAL
PACÍFICO
POLÍTICA

55 - Randonnée

H	T	P	G	P	O	N	I	D	D	Á	A	Y	Y
I	E	E	U	A	S	A	T	O	B	G	P	O	Y
O	M	S	I	R	Ç	T	Ç	W	N	U	Y	P	R
P	P	A	A	Q	K	U	C	Ç	N	A	G	L	Ç
C	O	D	S	U	F	R	C	A	N	S	A	D	O
C	L	O	Z	E	Q	E	S	D	C	U	M	E	Ã
P	D	I	N	S	V	Z	Q	N	N	A	I	O	Ç
S	I	A	M	I	N	A	V	J	V	U	F	G	A
Ç	C	O	G	A	M	O	N	T	A	N	H	A	T
M	E	S	A	R	D	E	P	Z	V	G	X	J	N
J	A	Ç	O	Ã	Ç	A	R	A	P	E	R	P	E
E	B	P	G	L	P	E	N	H	A	S	C	O	I
Ç	L	E	A	S	E	L	V	A	G	E	M	E	R
A	C	A	M	P	A	M	E	N	T	O	N	J	O

ANIMAIS
BOTAS
ACAMPAMENTO
MAPA
CLIMA
ÁGUA
PENHASCO
CANSADO
GUIAS
PESADO

TEMPO
MONTANHA
NATUREZA
ORIENTAÇÃO
PARQUES
PEDRAS
PREPARAÇÃO
SELVAGEM
SOL
CUME

56 - Art

V	I	S	U	A	L	E	S	S	T	Z	Z	I	S
H	Ç	S	N	B	L	A	N	I	G	I	R	O	Í
S	U	K	Q	G	J	K	R	M	K	Y	U	T	M
L	U	M	Ç	A	T	T	E	P	B	M	J	S	B
V	Z	J	O	A	R	U	T	L	U	C	S	E	O
Z	N	I	E	R	D	T	U	E	R	A	F	N	L
M	Y	J	V	I	L	A	O	S	S	E	P	O	O
D	V	V	R	A	T	A	R	T	E	R	O	H	X
F	I	G	U	R	A	O	A	H	N	A	E	A	E
E	X	P	R	E	S	S	Ã	O	P	I	S	O	L
I	N	S	P	I	R	A	D	O	U	R	I	N	P
P	I	N	T	U	R	A	S	Ç	E	C	A	L	M
Y	L	Q	X	K	C	E	R	Â	M	I	C	A	O
C	O	M	P	O	S	I	Ç	Ã	O	O	Z	V	C

CERÂMICA
COMPLEXO
COMPOSIÇÃO
CRIAR
RETRATAR
EXPRESSÃO
FIGURA
HONESTO
HUMOR
INSPIRADO
ORIGINAL
PINTURAS
PESSOAL
POESIA
ESCULTURA
SIMPLES
SUJEITO
SÍMBOLO
VISUAL

57 - Nutrition

P	S	H	Q	U	J	C	L	N	Y	U	K	E	Z
R	A	T	O	Ã	Ç	A	T	N	E	M	R	E	F
O	U	O	Ã	H	L	R	L	K	T	A	L	M	Q
T	D	X	T	G	Í	B	P	E	I	K	B	X	U
E	Á	I	S	W	Q	O	N	I	T	D	X	H	A
Í	V	N	E	P	U	I	B	F	E	G	T	Y	L
N	E	A	G	D	I	D	M	G	P	Q	D	R	I
A	L	E	I	Ç	D	R	P	O	A	T	E	I	D
S	D	V	D	J	O	A	E	Z	L	Z	O	G	A
C	X	P	H	Ú	S	T	S	I	L	H	J	X	D
S	A	B	O	R	A	O	O	T	B	E	O	O	E
A	M	A	R	G	O	S	A	I	R	O	L	A	C
C	O	M	E	S	T	Í	V	E	L	D	E	I	H
E	S	P	E	C	I	A	R	I	A	S	O	W	T

AMARGO
APETITE
CALORIAS
COMESTÍVEL
DIETA
DIGESTÃO
ESPECIARIAS
FERMENTAÇÃO
CARBOIDRATOS
LÍQUIDOS
PESO
PROTEÍNAS
QUALIDADE
SAUDÁVEL
SAÚDE
MOLHO
SABOR
TOXINA

58 - Créativité

C	I	N	V	E	N	T	I	V	O	O	I	S	V
Ç	L	N	S	C	Y	Ç	N	U	N	C	M	E	I
E	D	A	D	I	S	N	E	T	N	I	A	N	S
C	C	X	R	T	M	B	V	P	M	T	G	T	Õ
O	Ã	S	S	E	R	P	M	I	E	S	I	I	E
M	K	U	N	G	Z	F	M	C	G	Í	N	M	S
B	F	J	X	V	E	A	R	P	A	T	A	E	Z
I	R	W	E	S	D	O	P	A	M	R	Ç	N	L
A	W	O	Ã	Ç	I	U	T	N	I	A	Ã	T	R
Z	P	Z	Ç	U	U	V	I	N	J	G	O	O	Q
E	D	A	D	I	L	I	B	A	H	G	C	S	A
D	F	X	W	E	F	B	E	M	O	Ç	Õ	E	S
A	U	T	E	N	T	I	C	I	D	A	D	E	K
S	E	N	S	A	Ç	Ã	O	V	K	B	K	K	X

ARTÍSTICO
AUTENTICIDADE
CLAREZA
HABILIDADE
EMOÇÕES
FLUIDEZ
IMAGEM
IMAGINAÇÃO
IMPRESSÃO
INTENSIDADE
INTUIÇÃO
INVENTIVO
SENSAÇÃO
SENTIMENTOS
VISÕES

59 - Science Fiction

Ç	N	C	Z	M	G	E	N	B	I	E	W	C	I
A	M	Ç	X	U	A	Ç	F	O	V	E	X	B	M
K	T	K	X	N	K	L	Ç	H	P	H	W	T	A
R	I	Ó	B	D	E	X	P	L	O	S	Ã	O	G
F	O	L	M	O	L	U	C	Á	R	O	A	L	I
A	Ã	B	H	I	R	E	A	L	I	S	T	A	N
N	S	C	Ô	G	C	N	X	Y	A	Q	E	M	Á
T	U	E	M	S	U	O	G	O	F	Y	N	E	R
Á	L	N	M	O	T	M	S	A	M	T	A	N	I
S	I	Á	I	R	O	E	W	M	L	I	L	I	O
T	U	R	S	V	P	R	P	F	B	Á	P	C	M
I	W	I	N	I	I	T	R	Q	M	N	X	C	O
C	K	O	S	L	A	X	A	I	F	F	R	I	X
O	O	S	O	I	R	E	T	S	I	M	X	I	A

ATÓMICO
CINEMA
EXPLOSÃO
EXTREMO
FANTÁSTICO
FOGO
GALÁXIA
ILUSÃO
IMAGINÁRIO
LIVROS
MUNDO
MISTERIOSO
ORÁCULO
PLANETA
REALISTA
ROBÔS
CENÁRIO
UTOPIA

60 - Professions #1

A	C	Ç	P	D	Y	A	T	S	I	N	A	I	P
S	O	A	W	G	R	O	D	A	N	I	E	R	T
T	R	S	Ç	W	B	Ç	M	V	K	R	Y	S	E
R	I	Y	F	A	X	R	C	J	O	O	S	S	E
Ô	E	M	P	K	D	K	L	T	R	G	A	X	A
N	H	N	L	R	H	O	G	Z	I	O	A	K	Z
O	L	P	C	X	O	Q	R	G	E	L	T	D	T
M	A	S	T	A	U	Q	M	Y	U	Ó	S	M	O
O	O	V	S	W	N	X	G	X	Q	C	I	Ú	G
G	J	P	J	Y	N	A	L	M	N	I	T	S	O
E	D	I	T	O	R	V	D	R	A	S	N	I	L
S	V	O	R	I	E	B	M	O	B	P	E	C	Ó
D	A	N	Ç	A	R	I	N	O	R	S	I	O	E
N	D	O	U	T	O	R	I	B	F	K	C	X	G

ASTRÔNOMO
ADVOGADO
BANQUEIRO
JOALHEIRO
CAÇADOR
DANÇARINO
TREINADOR
EDITOR
GEÓLOGO
DOUTOR
MÚSICO
PIANISTA
ENCANADOR
BOMBEIRO
PSICÓLOGO
CIENTISTA

61 - Géologie

J	Ç	Y	F	Ç	G	E	Y	S	E	R	V	V	Z
E	T	N	E	N	I	T	N	O	C	Y	U	K	O
S	C	H	R	H	M	D	C	A	O	F	L	J	N
T	M	Z	Ç	T	O	J	Y	L	K	Y	C	Y	A
A	R	D	E	P	C	O	H	G	S	W	Ã	S	Z
L	E	C	O	R	A	L	O	X	I	R	O	Ç	N
A	F	R	L	A	V	A	Z	C	Á	L	C	I	O
C	F	U	O	P	L	A	T	Ô	Ç	X	A	A	D
T	S	Ó	N	S	I	A	R	E	N	I	M	D	I
I	Q	M	S	D	Ã	J	A	N	R	E	V	A	C
T	D	I	O	S	I	O	U	Z	J	I	L	M	Á
E	G	D	S	Z	I	D	Q	S	A	L	T	A	Y
C	O	T	A	H	H	L	O	P	Ç	Z	K	C	L
C	R	I	S	T	A	I	S	B	D	D	S	G	J

ÁCIDO
CÁLCIO
CAVERNA
CONTINENTE
CORAL
CAMADA
CRISTAIS
EROSÃO
FUNDIDO
FÓSSIL
GEYSER
LAVA
MINERAIS
PEDRA
PLATÔ
QUARTZO
SAL
ESTALACTITE
VULCÃO
ZONA

62 - Cirque

L	R	P	S	I	A	M	I	N	A	N	M	M	B
J	E	O	Z	B	H	T	A	M	U	V	Ú	A	A
P	T	Ã	Ç	F	D	E	P	G	U	C	S	L	L
V	E	C	O	D	D	N	T	S	I	H	I	A	Õ
R	R	B	C	W	K	D	H	R	Y	A	C	B	E
O	T	I	A	O	Ç	A	H	L	A	P	A	A	S
D	N	L	C	T	C	T	H	F	V	J	W	R	E
A	E	H	A	I	M	A	H	V	Y	S	E	I	L
T	Q	E	M	G	Á	B	Ç	C	Y	E	L	S	E
C	Y	T	Q	R	G	O	Q	T	B	I	I	T	F
E	H	E	Z	E	I	R	L	Q	C	M	F	A	A
P	I	Y	M	A	C	C	O	O	K	O	S	R	N
S	D	W	D	B	O	A	L	E	S	E	E	P	T
E	S	P	E	T	A	C	U	L	A	R	D	X	E

ACROBATA
ANIMAIS
BALÕES
BILHETE
DOCE
PALHAÇO
TRAJE
ENTRETER
ELEFANTE
MALABARISTA
LEÃO
MÁGICO
MAGIA
MÚSICA
DESFILE
MACACO
ESPETACULAR
ESPECTADOR
TENDA
TIGRE

63 - Jardin

V	I	D	E	I	R	A	O	J	Q	R	V	E	U
J	B	L	J	F	Q	I	O	D	A	M	A	R	G
V	H	I	O	K	A	N	A	G	C	R	A	R	X
P	X	F	J	L	C	G	H	E	A	O	D	X	N
O	A	N	C	I	N	H	O	F	M	L	D	I	Y
M	Q	S	O	L	O	G	F	C	H	F	O	V	M
A	M	A	R	G	Z	V	N	M	X	K	Ç	A	I
R	O	S	B	S	O	T	S	U	B	R	A	R	L
M	E	G	A	R	A	G	J	Z	A	Ç	R	A	O
F	B	Y	A	N	O	Y	Y	O	N	C	R	N	P
Y	I	H	P	L	X	Q	W	R	C	I	E	D	M
M	A	N	G	U	E	I	R	A	O	O	T	A	A
J	C	E	R	C	A	P	Á	R	V	O	R	E	R
F	Y	P	M	R	S	K	Á	H	W	R	T	I	T

ÁRVORE
BANCO
ARBUSTO
CERCA
LAGOA
FLOR
GARAGEM
MACA
GRAMA
JARDIM

PÁ
GRAMADO
VARANDA
ANCINHO
SOLO
TERRAÇO
TRAMPOLIM
MANGUEIRA
POMAR
VIDEIRA

64 - Santé et Bien Être #1

A	H	X	Z	M	B	A	C	T	É	R	I	A	S
I	O	O	T	N	E	M	A	X	A	L	E	R	M
C	R	V	M	T	Ç	D	H	Á	B	I	T	O	M
Á	M	I	B	G	F	Ç	I	G	B	C	B	T	B
M	O	T	A	S	R	D	R	C	D	V	Y	U	Y
R	N	A	R	U	T	S	O	P	I	A	R	O	R
A	E	M	Ú	S	C	U	L	O	S	N	H	D	P
F	S	O	F	G	K	S	A	R	U	T	A	R	F
U	O	C	S	C	V	Z	C	Z	O	H	I	V	E
E	N	M	Ç	S	X	Y	I	I	N	Q	P	Í	L
C	L	W	E	G	O	J	N	P	P	T	A	R	T
P	E	L	E	B	D	S	Í	P	A	W	R	U	Z
P	Ç	G	J	O	X	E	L	F	E	R	E	S	Q
Q	F	F	F	Y	K	G	C	A	R	U	T	L	A

ATIVO
BACTÉRIAS
CLÍNICA
FOME
FRATURA
HÁBITO
ALTURA
HORMONES
DOUTOR
MEDICINA
MÚSCULOS
OSSOS
PELE
FARMÁCIA
POSTURA
RELAXAMENTO
REFLEXO
TERAPIA
VÍRUS

65 - Barbecues

Q	P	K	Ç	O	F	P	K	Y	H	S	Ç	K	H
U	L	E	G	U	M	E	S	R	K	A	D	N	K
E	I	M	S	F	R	U	T	A	Y	Ç	C	D	Ç
N	J	Q	E	S	X	Q	B	T	C	N	J	C	F
T	L	S	T	B	V	V	I	N	S	A	N	E	R
E	U	Q	A	A	I	M	N	A	A	I	F	B	A
F	G	H	M	L	O	I	X	J	D	R	W	O	N
U	P	T	O	P	Ç	A	W	W	A	C	G	L	G
L	B	O	T	H	O	Q	C	Y	L	R	I	A	O
O	E	H	F	A	M	Í	L	I	A	B	Ç	S	Q
M	O	L	H	O	L	X	H	F	S	O	G	O	J
G	R	E	L	H	A	T	T	O	E	Ú	U	Q	R
V	E	R	Ã	O	Q	W	X	M	U	Q	M	D	Ç
S	D	K	E	S	A	T	N	E	M	I	P	G	S

QUENTE
FACAS
ALMOÇO
JANTAR
CRIANÇAS
VERÃO
FOME
FAMÍLIA
FRUTA
GRELHA
JOGOS
LEGUMES
MÚSICA
CEBOLAS
PIMENTA
FRANGO
SALADAS
MOLHO
SAL
TOMATES

66 - Forêt Tropicale

I	O	I	N	A	T	U	R	E	Z	A	S	A	R
N	A	N	F	S	O	Z	A	M	Y	C	T	Y	E
S	E	D	C	L	I	M	A	Q	K	A	S	V	S
E	D	Í	A	N	F	Í	B	I	O	S	D	A	T
T	A	G	V	R	E	S	P	E	I	T	O	L	A
O	D	E	L	M	U	S	G	O	Z	A	C	I	U
S	I	N	E	O	C	I	Ç	U	E	F	I	O	R
Y	S	A	S	R	E	F	Ú	G	I	O	N	S	A
P	R	E	S	E	R	V	A	Ç	Ã	O	Â	O	Ç
S	E	I	C	É	P	S	E	R	Z	H	T	K	Ã
U	V	P	Á	S	S	A	R	O	S	O	O	F	O
O	I	X	K	C	G	O	J	Ç	O	F	B	B	E
H	D	F	C	O	M	U	N	I	D	A	D	E	S
M	A	M	Í	F	E	R	O	S	N	E	V	U	N

ANFÍBIOS
BOTÂNICO
CLIMA
COMUNIDADE
DIVERSIDADE
ESPÉCIES
INDÍGENA
INSETOS
SELVA
MAMÍFEROS
MUSGO
NATUREZA
NUVENS
PÁSSAROS
VALIOSO
PRESERVAÇÃO
REFÚGIO
RESPEITO
RESTAURAÇÃO

67 - Ferme #1

T	A	C	R	E	C	L	T	M	V	R	B	C	X
A	C	A	U	G	Á	A	L	M	K	E	I	O	P
T	A	V	H	P	E	B	B	A	C	B	S	R	F
I	V	A	F	L	H	O	M	R	K	A	Ã	V	E
Q	W	L	U	M	E	Y	E	U	A	N	O	O	R
W	Z	O	R	R	A	B	L	T	Ç	H	P	P	T
Y	Z	T	U	N	J	Q	A	L	U	O	H	M	I
F	Q	A	B	U	R	R	O	U	P	M	Ã	A	L
R	T	G	U	L	F	Ç	Ç	C	W	A	M	C	I
A	B	E	Z	E	R	R	O	I	A	K	N	O	Z
N	C	J	E	J	P	Y	D	R	W	S	D	P	A
G	C	G	U	F	N	I	J	G	E	L	N	P	N
O	E	R	V	C	X	I	Q	A	E	M	T	N	T
F	E	N	O	P	I	Y	H	D	N	Q	D	O	E

ABELHA
AGRICULTURA
BURRO
BISÃO
CAMPO
GATO
CAVALO
CABRA
CÃO
CERCA
CORVO
ÁGUA
FERTILIZANTE
FENO
MEL
FRANGO
ARROZ
REBANHO
VACA
BEZERRO

68 - Café

B	R	B	A	C	J	M	X	V	A	M	O	R	A
U	E	Y	L	X	D	T	J	B	M	C	C	I	U
Z	Q	B	X	A	N	Ã	H	N	A	M	O	L	G
J	M	A	I	D	S	U	T	H	R	L	P	Y	Á
C	K	F	G	D	C	S	J	U	G	S	A	X	H
S	R	M	U	M	A	C	A	O	O	Ç	E	R	P
A	A	E	G	L	L	A	O	D	L	E	I	T	E
B	C	X	M	K	G	F	R	I	O	M	O	E	R
O	Ú	B	W	E	C	E	I	U	P	R	E	T	O
R	Ç	T	L	T	O	Í	G	Q	R	Y	J	V	T
T	A	I	Ç	Ç	B	N	E	Í	O	R	N	C	S
J	W	E	Ç	H	D	A	M	L	Y	B	S	N	F
L	X	J	U	Q	F	I	L	T	R	O	P	J	B
V	A	R	I	E	D	A	D	E	D	F	Y	Z	J

AMARGO
AROMA
BEBIDA
CAFEÍNA
CREME
ÁGUA
FILTRO
LEITE
LÍQUIDO
MANHÃ
MOER
PRETO
ORIGEM
PREÇO
ASSADO
SABOR
AÇÚCAR
COPA
VARIEDADE

69 - Antarctique

C	F	I	C	A	M	B	I	E	N	T	E	M	Á
O	P	N	A	I	F	A	R	G	O	E	G	I	G
N	A	V	C	F	E	I	E	A	Ç	T	Z	N	U
T	R	E	P	M	I	N	C	J	I	S	V	E	A
I	U	S	M	Y	I	C	T	A	L	T	K	R	F
N	T	T	W	Z	O	G	O	Í	P	J	I	A	S
E	A	I	C	W	F	H	R	Y	F	X	J	I	S
N	R	G	S	A	I	E	L	A	B	I	J	S	O
T	E	A	S	G	I	W	C	J	Ç	Q	C	G	R
E	P	D	D	U	B	A	Í	A	O	Ã	C	O	A
G	M	O	Ã	Ç	I	D	E	P	X	E	O	Z	S
T	E	R	P	C	M	G	E	L	E	I	R	A	S
A	T	L	D	Ç	I	L	H	A	S	H	I	U	Á
V	C	J	O	S	O	H	C	O	R	Y	H	N	P

BAÍA
BALEIAS
INVESTIGADOR
CONTINENTE
ÁGUA
AMBIENTE
EXPEDIÇÃO
GEOGRAFIA
GELO
GELEIRAS
ILHAS
MIGRAÇÃO
MINERAIS
PÁSSAROS
ROCHOSO
CIENTÍFICO
TEMPERATURA

70 - Professions #2

I	F	P	A	T	S	I	T	N	E	D	Z	F	D
N	Y	R	X	S	A	O	A	O	Z	Y	Y	O	E
V	O	O	K	L	T	I	H	E	N	O	A	T	T
E	M	F	O	I	S	R	R	I	J	Ã	P	Ó	E
S	É	E	R	N	I	Á	O	L	U	I	J	G	T
T	D	S	I	G	L	C	D	N	O	G	R	R	I
I	I	S	E	U	A	E	A	B	A	R	R	A	V
G	C	O	H	I	N	T	R	I	Z	U	O	F	E
A	O	R	N	S	R	O	T	Ó	O	R	T	O	P
D	D	S	E	T	O	I	S	L	Ó	I	N	A	I
O	P	B	G	A	J	L	U	O	L	C	E	M	L
R	O	T	N	I	P	B	L	G	O	H	V	C	O
T	W	F	E	Q	S	I	I	O	G	I	N	V	T
Z	K	Z	F	Y	Q	B	Ç	K	O	G	I	X	O

ASTRONAUTA
BIBLIOTECÁRIO
BIÓLOGO
INVESTIGADOR
CIRURGIÃO
DENTISTA
DETETIVE
PROFESSOR
ILUSTRADOR
ENGENHEIRO
INVENTOR
JORNALISTA
LINGUISTA
MÉDICO
PINTOR
FOTÓGRAFO
PILOTO
ZOÓLOGO

71 - Les Abeilles

P	F	D	C	Z	L	W	B	R	W	T	L	U	V
D	Ó	L	F	T	G	N	E	M	A	X	N	E	Z
I	P	L	O	S	A	I	N	T	B	I	N	X	D
V	L	E	E	R	M	F	É	W	Q	T	N	K	O
E	A	M	D	N	E	K	F	F	L	O	R	H	R
R	N	I	Z	D	T	S	I	H	I	L	K	R	A
S	T	D	E	L	S	B	C	F	N	M	I	Ç	I
I	A	R	C	T	I	S	O	U	S	W	G	U	E
D	S	A	L	A	S	A	S	M	E	I	Ç	P	M
A	T	J	T	T	S	R	Z	A	T	V	R	P	L
D	B	O	K	I	O	E	S	Ç	O	Q	S	P	O
E	L	G	R	B	C	C	V	A	O	M	Q	J	C
A	T	U	H	A	E	F	R	U	T	A	S	N	Y
R	C	W	T	H	L	V	G	I	Y	P	S	I	N

ASAS
BENÉFICO
CERA
DIVERSIDADE
ENXAME
ECOSSISTEMA
FLOR
FLORES
FRUTA
FUMAÇA
HABITAT
INSETO
JARDIM
MEL
PLANTAS
PÓLEN
RAINHA
COLMEIA
SOL

72 - Santé et Bien Être #2

G	N	E	G	L	R	P	U	U	D	I	I	A	R
S	E	S	S	E	R	T	S	E	O	X	N	N	E
L	A	D	A	V	N	X	Y	O	E	Z	F	A	C
W	U	N	H	Á	K	É	O	Ã	N	O	E	T	U
M	L	F	G	D	D	Q	T	Ç	Ç	Z	C	O	P
H	A	U	H	U	E	H	V	I	A	G	Ç	M	E
I	T	S	Z	A	E	A	Ç	R	C	Ç	Ã	I	R
G	I	N	S	S	Y	I	S	T	N	A	O	A	A
I	P	F	F	A	Ç	G	E	U	A	I	V	R	Ç
E	S	S	P	C	G	R	R	N	X	K	U	H	Ã
N	O	P	R	O	C	E	T	I	T	E	P	A	O
E	H	F	B	E	P	L	M	F	J	I	Ç	R	Z
E	N	E	R	G	I	A	C	A	L	O	R	I	A
Q	L	Ç	M	H	U	P	E	S	O	O	N	Q	E

ALERGIA
ANATOMIA
APETITE
CALORIA
CORPO
ENERGIA
GENÉTICA
HOSPITAL
HIGIENE
INFECÇÃO
DOENÇA
MASSAGEM
NUTRIÇÃO
PESO
RECUPERAÇÃO
SAUDÁVEL
SANGUE
ESTRESSE

73 - Conduite

S	L	E	N	Ú	T	O	T	P	E	Y	I	Ç	E
C	E	I	A	C	I	D	E	N	T	E	A	I	E
T	O	G	C	W	Q	O	R	R	A	C	B	R	R
R	M	M	U	E	R	T	S	E	D	E	P	A	P
A	A	C	B	R	N	W	Á	Ç	A	B	O	T	J
N	P	Z	P	U	A	Ç	G	A	R	A	G	E	M
S	A	T	V	U	S	N	A	Ç	T	N	I	L	R
P	I	S	O	X	Y	T	Ç	S	S	C	R	C	A
O	C	P	E	Q	S	Y	Í	A	E	P	E	I	P
R	Í	M	O	T	O	R	Q	V	M	A	P	C	I
T	L	T	R	Á	F	E	G	O	E	G	L	O	D
E	O	Ã	H	N	I	M	A	C	R	L	L	T	E
W	P	F	R	E	I	O	S	U	K	Y	P	O	Z
A	H	B	N	A	V	B	N	A	B	L	U	M	R

ACIDENTE
CAMINHÃO
COMBUSTÍVEL
MAPA
PERIGO
FREIOS
GARAGEM
GÁS
LICENÇA
MOTOR
MOTOCICLETA
PEDESTRE
POLÍCIA
ESTRADA
SEGURANÇA
TRÁFEGO
TRANSPORTE
TÚNEL
RAPIDEZ
CARRO

74 - Plantes

F	O	C	T	K	E	A	F	M	X	M	T	Y	W
W	E	A	T	S	E	R	O	L	F	Ç	W	B	G
I	Y	R	F	L	O	R	W	J	O	T	C	A	C
M	M	O	T	S	U	B	R	A	Ã	R	D	M	P
H	E	P	M	I	D	R	A	J	J	I	A	B	É
B	R	R	Q	K	L	P	Ç	O	I	C	V	U	T
N	O	B	F	W	T	I	U	Ã	E	M	R	C	A
I	V	T	U	T	E	B	Z	Ç	F	R	E	R	L
J	R	N	Â	L	N	A	I	A	S	F	R	E	A
B	Á	E	P	N	O	G	A	T	N	V	I	S	R
M	U	S	G	O	I	A	R	E	H	T	G	C	V
J	O	B	K	S	U	C	J	G	T	F	E	E	A
S	O	U	X	Q	E	T	A	E	U	I	Y	R	G
F	O	L	H	A	G	E	M	V	T	P	E	Q	Z

ÁRVORE
BAGA
BAMBU
BOTÂNICA
ARBUSTO
CACTO
FERTILIZANTE
FOLHAGEM
FLOR
FLORA
FLORESTA
CRESCER
FEIJÃO
ERVA
JARDIM
HERA
MUSGO
PÉTALA
RAIZ
VEGETAÇÃO

75 - Ferme #2

L	C	C	I	R	R	I	G	A	Ç	Ã	O	Ç	C
D	H	R	O	D	A	R	P	T	R	I	G	O	O
E	M	A	K	R	A	M	O	P	O	V	X	R	L
E	Q	T	M	W	D	X	Y	Ç	T	S	A	U	M
B	Q	U	Q	A	B	E	H	U	A	Ç	G	D	E
L	H	R	P	C	Q	K	I	D	R	V	R	A	I
A	E	F	B	B	C	M	L	R	T	S	I	M	A
T	J	I	P	A	S	T	O	R	O	L	C	M	H
E	E	A	T	A	N	I	M	A	I	S	U	I	L
G	Y	W	P	E	T	X	X	D	V	M	L	L	E
E	U	X	G	I	X	O	H	A	S	A	T	H	V
V	Ç	V	K	R	Y	K	Z	V	O	A	O	O	O
P	A	T	O	R	I	E	L	E	C	H	R	S	S
Y	Y	N	H	B	Q	F	R	C	R	B	Ç	I	J

CORDEIRO	LHAMA
AGRICULTOR	VEGETAL
ANIMAIS	MILHO
PASTOR	OVELHA
TRIGO	MADURO
PATO	CEVADA
FRUTA	PRADO
CELEIRO	COLMEIA
IRRIGAÇÃO	TRATOR
LEITE	POMAR

76 - Vacances #2

H	O	T	E	L	M	I	U	M	R	J	S	F	P
O	R	F	R	Z	S	M	E	G	A	I	V	O	A
I	O	J	S	A	V	R	E	S	E	R	E	R	S
J	B	H	I	H	O	L	C	O	P	E	T	I	S
D	F	M	X	L	W	I	K	D	M	Z	R	E	A
B	Z	Ç	Á	I	N	D	Q	F	F	A	O	G	P
V	I	S	T	O	G	N	S	V	E	L	P	N	O
A	E	R	O	P	O	R	T	O	R	W	S	A	R
H	Z	S	A	Z	A	S	Z	F	I	T	N	R	T
Z	X	X	J	P	A	U	O	O	A	E	A	T	E
C	B	M	Q	M	R	L	J	T	D	N	R	S	J
A	T	U	C	Z	X	A	E	O	O	D	T	E	P
D	E	S	T	I	N	O	I	S	Q	A	P	P	F
G	G	U	O	T	N	E	M	A	P	M	A	C	A

AEROPORTO
ACAMPAMENTO
MAPA
DESTINO
ESTRANGEIRO
HOTEL
ILHA
LAZER
MAR
PASSAPORTE
FOTOS
PRAIA
RESERVAS
TÁXI
TENDA
TRANSPORTE
FERIADO
VISTO
VIAGEM

77 - Éthique

H	T	B	E	N	E	V	O	L	E	N	T	E	C
O	O	M	S	Í	U	R	T	L	A	U	F	Ç	F
N	L	S	A	B	E	D	O	R	I	A	Ç	T	A
E	E	D	A	D	I	L	A	N	O	I	C	A	R
S	R	D	O	R	Ç	J	Y	S	R	F	R	B	C
T	Â	F	A	T	P	E	I	L	W	O	E	O	O
I	N	A	U	D	I	N	K	L	Z	S	A	N	M
D	C	L	M	W	I	M	C	F	Z	O	L	D	P
A	I	X	Z	I	O	R	I	U	O	L	I	A	A
D	A	L	O	B	X	G	G	S	I	I	S	D	I
E	V	A	L	O	R	E	S	E	M	F	M	E	X
P	A	C	I	Ê	N	C	I	A	T	O	O	X	Ã
C	O	O	P	E	R	A	Ç	Ã	O	N	Ç	E	O
R	E	S	P	E	I	T	O	S	O	O	I	V	W

ALTRUÍSMO
BENEVOLENTE
COMPAIXÃO
COOPERAÇÃO
BONDADE
HONESTIDADE
INTEGRIDADE
OTIMISMO
PACIÊNCIA
FILOSOFIA
RACIONALIDADE
RESPEITOSO
REALISMO
SABEDORIA
TOLERÂNCIA
VALORES

78 - Temps

O	E	T	Q	A	U	U	D	F	R	K	J	Q	A
M	N	M	J	C	A	P	D	É	C	A	D	A	G
E	E	T	B	N	S	D	I	A	E	S	T	J	O
H	N	I	E	R	F	R	X	A	Q	V	F	A	R
O	O	M	O	M	E	D	E	P	O	I	S	C	A
R	I	I	I	D	N	V	S	E	M	A	N	A	S
A	T	N	G	F	I	N	E	A	N	O	A	K	É
O	E	U	Ó	U	O	A	T	B	G	V	N	Ç	C
Ç	A	T	L	T	C	D	N	F	G	M	U	L	U
H	C	O	E	U	S	C	A	G	L	K	A	Ç	L
V	G	K	R	R	Z	P	H	H	W	P	L	S	O
E	P	H	K	O	N	F	O	M	Ê	S	Z	T	T
C	A	L	E	N	D	Á	R	I	O	N	J	Z	D
U	O	Ç	Ç	Ç	A	M	A	N	H	Ã	U	W	Y

ANO
ANUAL
DEPOIS
ANTES
EM BREVE
CALENDÁRIO
DÉCADA
FUTURO
HORA
ONTEM
RELÓGIO
DIA
AGORA
MANHÃ
MEIO-DIA
MINUTO
MÊS
NOITE
SEMANA
SÉCULO

79 - Maison

V	C	H	U	V	E	I	R	O	J	C	Ç	D	T
A	O	Z	N	W	H	P	A	R	E	D	E	X	J
S	P	O	G	J	L	A	R	E	I	R	A	P	J
S	O	O	O	D	A	H	L	E	T	Z	Q	O	C
O	A	Ã	R	T	Ç	R	H	T	M	O	M	H	X
U	Y	T	U	Ã	O	H	D	J	A	N	E	L	A
R	Q	Ó	X	S	O	C	I	I	A	D	G	E	Q
A	B	S	R	A	D	Z	H	V	M	Q	A	P	U
C	O	Z	I	N	H	A	L	A	Ç	F	R	S	A
R	D	T	X	I	T	E	T	O	V	B	A	E	R
E	P	O	R	T	A	O	M	Y	C	E	G	E	T
C	Ç	F	Q	R	V	X	A	Q	O	D	S	C	O
V	U	G	S	O	T	A	P	E	T	E	P	O	J
M	U	S	A	C	E	T	O	I	L	B	I	B	Q

VASSOURA
BIBLIOTECA
QUARTO
LAREIRA
CHAVES
CERCA
COZINHA
CHUVEIRO
JANELA
GARAGEM
SÓTÃO
JARDIM
ESPELHO
PAREDE
TETO
PORTA
CORTINAS
PORÃO
TAPETE
TELHADO

80 - Légumes

S	Ç	P	E	T	R	R	C	C	T	G	C	T	Z
T	A	D	Q	E	F	A	E	E	V	A	M	J	J
O	V	L	Q	F	S	B	N	B	K	E	A	I	G
M	I	N	A	J	H	A	O	O	X	R	I	R	E
A	L	V	M	D	V	N	U	L	B	F	P	A	N
T	O	J	K	A	A	E	R	A	V	A	O	L	G
E	E	U	X	J	I	T	A	L	F	N	N	H	I
H	C	D	W	O	M	E	G	E	S	I	A	O	B
C	H	A	L	O	T	A	G	G	A	P	B	N	R
B	R	Ó	C	O	L	I	S	N	L	S	Ó	I	E
C	O	G	U	M	E	L	O	I	S	E	B	P	D
E	R	V	I	L	H	A	Q	R	A	J	O	E	R
F	K	N	V	U	B	R	B	E	X	W	R	P	R
T	M	M	F	Y	X	S	X	B	A	F	A	Y	Q

ALHO
BERINGELA
BRÓCOLIS
CENOURA
AIPO
COGUMELO
ABÓBORA
PEPINO
CHALOTA
ESPINAFRE
GENGIBRE
NABO
CEBOLA
OLIVA
SALSA
ERVILHA
RABANETE
SALADA
TOMATE

81 - Famille

V	A	I	T	C	R	I	A	N	Ç	A	Ó	V	A
D	N	F	O	Ã	M	R	I	E	A	D	Q	A	V
L	T	I	H	Y	O	Y	C	Ã	S	I	O	K	Ô
P	E	L	N	T	X	O	N	M	U	P	R	U	E
M	P	H	I	I	U	W	Â	A	X	P	O	M	H
A	A	A	R	O	O	G	F	E	H	O	P	S	Ã
R	S	D	B	O	G	O	N	R	E	T	A	P	A
I	S	L	O	M	M	T	I	D	R	S	A	O	N
D	A	L	S	M	O	M	A	T	E	R	N	O	L
O	D	O	Ç	N	I	Y	P	D	P	X	E	U	P
B	O	O	X	C	X	R	X	J	T	B	A	N	B
Ç	I	Z	J	X	D	W	P	G	R	B	C	W	C
C	R	I	A	N	Ç	A	S	U	P	O	D	B	J
S	O	B	R	I	N	H	A	O	U	Y	R	Z	O

ANTEPASSADO
PRIMO
INFÂNCIA
CRIANÇA
CRIANÇAS
ESPOSA
FILHA
IRMÃO
AVÓ
AVÔ
MARIDO
MATERNO
MÃE
SOBRINHO
SOBRINHA
TIO
PATERNO
PAI
IRMÃ
TIA

82 - Oiseaux

T	L	L	U	P	A	G	B	W	F	G	G	P	C
Á	G	U	I	A	A	E	A	P	Q	F	Q	A	O
I	Z	X	U	Y	B	R	S	N	H	W	B	V	R
H	B	B	P	P	M	R	D	Z	S	J	R	Ã	V
H	Y	O	A	T	O	V	I	A	G	O	V	O	O
O	I	A	G	A	P	A	P	L	L	Ç	X	A	C
J	L	V	Ç	G	E	F	R	A	N	G	O	N	P
D	C	E	G	O	N	H	A	I	A	I	X	K	A
P	E	L	I	C	A	N	O	A	O	J	H	I	T
E	A	N	G	L	O	D	W	P	O	M	B	O	O
G	Q	E	S	X	C	A	V	E	S	T	R	U	Z
L	G	D	M	I	U	G	N	I	P	Y	Z	U	Y
E	X	P	T	H	C	L	T	U	C	A	N	O	V
E	R	G	G	A	R	Ç	A	X	L	H	G	B	B

ÁGUIA
AVESTRUZ
PATO
CEGONHA
POMBA
CORVO
CUCO
CISNE
GARÇA
PINGUIM
PARDAL
GAIVOTA
OVO
GANSO
PAVÃO
PAPAGAIO
PELICANO
POMBO
FRANGO
TUCANO

83 - Disciplines Scientifiques

M	W	F	N	K	E	L	Q	D	W	A	C	S	L
E	Z	I	E	A	C	I	A	U	C	C	N	W	Ç
T	A	S	U	B	O	N	S	W	Í	I	O	F	Q
E	I	I	R	O	L	G	T	B	Z	M	A	M	X
O	G	O	O	T	O	U	R	I	O	Â	I	A	Ç
R	O	L	L	Â	G	Í	O	O	O	N	G	C	U
O	L	O	O	N	I	S	N	L	L	I	O	I	A
L	O	G	G	I	A	T	O	O	O	D	L	N	I
O	N	I	I	C	Y	I	M	G	G	O	O	Â	M
G	U	A	A	A	F	C	I	I	I	M	I	C	O
I	M	U	Q	F	M	A	A	A	A	R	C	E	T
A	I	G	O	L	O	C	I	S	P	E	O	M	A
G	E	O	L	O	G	I	A	O	F	T	S	L	N
Q	T	Y	B	I	O	Q	U	Í	M	I	C	A	A

ANATOMIA
ASTRONOMIA
BIOQUÍMICA
BIOLOGIA
BOTÂNICA
QUÍMICA
ECOLOGIA
GEOLOGIA
IMUNOLOGIA
LINGUÍSTICA
MECÂNICA
METEOROLOGIA
NEUROLOGIA
FISIOLOGIA
PSICOLOGIA
SOCIOLOGIA
TERMODINÂMICA
ZOOLOGIA

84 - Univers

C	A	S	T	R	O	N	O	M	I	A	U	S	P
C	É	A	T	M	O	S	F	E	R	A	O	D	T
H	U	U	G	B	M	R	O	C	I	M	S	Ó	C
U	O	I	P	Ó	C	S	E	L	E	T	O	Y	H
L	T	R	A	L	O	S	Q	P	L	C	L	E	E
Ç	U	I	I	E	T	R	E	V	A	S	S	G	M
I	C	A	L	Z	B	M	E	C	K	T	T	A	I
S	Y	I	L	B	O	K	M	L	Y	Y	Í	L	S
U	U	X	M	K	T	N	A	I	B	M	C	Á	F
V	I	S	Í	V	E	L	T	E	Y	P	I	X	É
E	Q	U	A	D	O	R	I	E	W	G	O	I	R
Z	O	D	Í	A	C	O	B	P	E	A	W	A	I
N	X	O	M	O	N	Ô	R	T	S	A	S	N	O
W	E	Q	F	E	D	I	Ó	R	E	T	S	A	Q

ASTERÓIDE
ASTRÔNOMO
ASTRONOMIA
ATMOSFERA
CÉU
CÓSMICO
EQUADOR
GALÁXIA
HEMISFÉRIO
HORIZONTE
LUA
TREVAS
ÓRBITA
SOLAR
SOLSTÍCIO
TELESCÓPIO
VISÍVEL
ZODÍACO

85 - Géographie

T	U	O	I	R	É	F	S	I	M	E	H	K	R
A	E	L	O	A	E	A	T	L	A	S	M	J	I
P	T	R	Q	T	S	G	Ç	I	P	R	U	A	O
R	R	V	R	C	Ç	U	I	D	A	E	N	C	N
S	O	T	U	I	W	L	L	Ã	M	C	D	O	A
F	N	X	Ç	H	T	M	L	O	O	A	O	N	E
Z	V	D	J	H	F	Ó	L	Ç	R	L	N	T	C
O	E	S	T	E	L	U	R	R	A	T	A	I	O
L	A	T	I	T	U	D	E	I	I	I	I	N	C
J	Y	P	A	Í	S	M	A	R	O	T	D	E	I
N	K	A	H	N	A	T	N	O	M	U	I	N	D
D	G	C	L	S	Z	E	V	A	V	D	R	T	A
C	X	B	I	E	F	T	U	F	Q	E	E	E	D
M	J	G	U	Z	Z	V	G	A	Ç	R	M	D	E

ALTITUDE
ATLAS
MAPA
CONTINENTE
RIO
HEMISFÉRIO
ILHA
LATITUDE
MAR
MERIDIANO
MUNDO
MONTANHA
NORTE
OCEANO
OESTE
PAÍS
REGIÃO
SUL
TERRITÓRIO
CIDADE

86 - Danse

O	I	L	A	N	O	I	C	I	D	A	R	T	C
R	I	T	M	O	H	S	L	T	Z	F	A	Z	U
I	V	I	S	U	A	L	Á	A	T	A	T	K	L
E	Ç	T	A	R	U	T	S	O	P	C	L	O	T
C	I	A	Ç	E	J	A	S	T	Y	A	A	V	U
R	Z	V	A	M	N	D	I	N	C	D	S	I	R
A	O	P	R	O	C	K	C	E	O	E	P	S	A
P	T	G	G	Ç	G	X	O	M	T	M	A	S	L
Z	A	R	M	Ã	A	L	S	I	R	I	Ç	E	H
Y	M	L	B	O	P	H	F	V	A	A	C	R	Q
R	T	Y	E	X	E	E	A	O	C	S	B	P	Z
V	F	H	V	G	T	I	E	M	Y	W	N	X	B
G	A	I	F	A	R	G	O	E	R	O	C	E	X
M	Ú	S	I	C	A	E	C	U	L	T	U	R	A

ACADEMIA
ARTE
COREOGRAFIA
CLÁSSICO
CORPO
CULTURA
CULTURAL
EXPRESSIVO
EMOÇÃO
GRAÇA
ALEGRE
MOVIMENTO
MÚSICA
PARCEIRO
POSTURA
ENSAIO
RITMO
SALTAR
TRADICIONAL
VISUAL

87 - Bâtiments

C	C	A	S	T	E	L	O	R	T	A	E	T	T
Ç	A	G	M	T	M	Y	V	E	E	D	R	F	E
A	S	B	A	W	K	I	W	S	S	A	R	Á	N
I	P	L	I	R	L	P	U	C	T	X	O	B	D
J	H	A	U	N	A	T	L	O	Á	I	T	R	A
Q	W	T	R	Z	E	G	I	L	D	A	C	I	A
Z	M	I	G	T	B	Q	E	A	I	B	I	C	Ç
M	V	P	Y	S	A	N	Y	M	O	M	J	A	P
U	G	S	R	Q	J	M	L	A	M	E	N	I	C
S	J	O	D	A	C	R	E	M	R	E	P	U	S
E	Ç	H	H	O	T	E	L	N	J	S	I	K	H
U	Y	N	O	J	G	Y	T	Y	T	R	M	M	I
C	E	L	E	I	R	O	E	X	G	O	P	N	E
L	A	B	O	R	A	T	Ó	R	I	O	E	H	D

EMBAIXADA
APARTAMENTO
CABINE
CASTELO
CINEMA
ESCOLA
GARAGEM
CELEIRO
HOSPITAL
HOTEL
LABORATÓRIO
MUSEU
ESTÁDIO
SUPERMERCADO
TENDA
TEATRO
TORRE
FÁBRICA

88 - Activités et Loisirs

F	T	C	M	E	R	G	U	L	H	O	T	G	T
U	M	O	T	N	E	M	A	P	M	A	C	A	Ê
T	E	R	J	Z	J	B	C	Q	E	T	Q	D	N
E	G	R	E	S	L	Q	S	J	G	Q	Ç	B	I
B	A	I	T	T	U	H	E	B	A	W	W	Y	S
O	N	D	N	T	R	R	P	V	I	U	B	M	H
L	I	A	A	R	T	E	F	W	V	M	U	C	Ç
G	D	B	X	H	L	O	B	E	S	I	E	B	W
O	R	N	A	S	N	B	A	S	Q	U	E	T	E
L	A	J	L	O	B	I	E	L	O	V	T	O	R
F	J	S	E	R	N	C	M	D	D	Z	Q	N	Z
E	N	Y	R	V	O	Ã	Ç	A	T	A	N	I	S
B	O	X	E	D	S	Q	Y	J	C	O	Y	W	U
P	I	N	T	U	R	A	H	O	B	B	I	E	S

ARTE
BEISEBOL
BASQUETE
BOXE
ACAMPAMENTO
CORRIDA
FUTEBOL
GOLFE
JARDINAGEM
NATAÇÃO
HOBBIES
PINTURA
PESCA
MERGULHO
CAMINHADA
RELAXANTE
SURFE
TÊNIS
VOLEIBOL
VIAGEM

89 - Livres

P	J	W	G	N	R	O	T	U	A	J	I	R	D
M	Á	V	H	Z	O	O	B	O	F	I	P	E	U
A	K	G	U	O	S	Ã	M	D	B	K	X	L	A
I	V	H	I	H	M	Ç	P	A	K	N	A	E	L
N	N	E	Z	N	V	E	O	R	N	O	J	V	I
V	A	H	N	O	A	L	E	O	H	C	T	A	D
E	R	I	C	T	Q	O	S	M	I	I	E	N	A
N	R	S	L	X	U	C	I	U	S	G	I	T	D
T	A	T	K	E	U	R	A	H	T	Á	R	E	E
I	D	Ó	U	T	L	O	A	S	Ó	R	É	R	K
V	O	R	G	N	H	T	S	T	R	T	S	E	J
O	R	I	J	O	C	I	P	É	I	Y	T	L	J
I	O	C	F	C	M	E	K	I	A	G	F	M	R
Ç	V	O	N	J	W	L	P	O	E	M	A	H	O

AUTOR
AVENTURA
COLEÇÃO
CONTEXTO
DUALIDADE
ÉPICO
HISTÓRIA
HISTÓRICO
HUMORADO
INVENTIVO
LEITOR
NARRADOR
PÁGINA
RELEVANTE
POEMA
POESIA
ROMANCE
SÉRIE
TRÁGICO

90 - Pays #2

A	Y	A	C	R	A	M	A	N	I	D	J	R	E
R	L	V	Ç	H	I	X	Y	U	N	R	A	Z	A
A	M	B	X	A	I	S	Í	R	I	A	M	O	Q
H	Y	J	Â	Ç	O	N	X	D	T	D	A	Ã	U
L	A	O	S	N	C	Z	A	E	I	N	I	T	Ê
S	I	Ã	B	A	I	Z	Y	H	A	A	C	S	N
O	W	D	R	R	X	A	Y	R	H	L	A	I	I
M	V	U	Ú	F	É	O	X	B	Z	R	R	U	A
Á	E	S	S	M	M	G	D	Ç	S	I	W	Q	L
L	F	T	S	I	N	D	O	N	É	S	I	A	Í
I	X	K	I	D	D	J	N	Ã	D	W	X	P	B
A	D	N	A	G	U	F	A	N	P	M	X	I	A
U	C	R	Â	N	I	A	D	I	F	A	W	M	N
P	E	E	G	N	R	Z	K	G	Z	D	J	M	O

ALBÂNIA
CHINA
DINAMARCA
FRANÇA
HAITI
INDONÉSIA
IRLANDA
JAMAICA
JAPÃO
QUÊNIA
LAOS
LÍBANO
MÉXICO
UGANDA
PAQUISTÃO
RÚSSIA
SOMÁLIA
SUDÃO
SÍRIA
UCRÂNIA

91 - Fournitures d'Art

E	N	N	Ç	U	L	T	P	X	F	H	Ó	L	A
A	S	O	Q	I	G	I	H	A	Q	E	L	W	R
F	E	C	M	I	K	N	A	U	P	T	E	C	G
H	R	I	O	G	H	T	N	G	N	E	O	R	I
H	O	L	Ã	V	J	A	G	Á	M	L	L	I	L
O	C	Í	V	P	A	T	I	N	T	A	S	A	A
D	Q	R	R	J	A	S	E	M	C	V	Ç	T	C
L	L	C	A	R	E	M	Â	C	Ç	A	O	I	A
N	Á	A	C	C	O	L	A	L	Ç	C	D	V	D
Y	G	P	A	Q	U	A	R	E	L	A	S	I	E
L	Z	X	I	B	V	S	Q	H	T	Z	U	D	I
B	O	I	V	S	L	E	T	S	A	P	D	A	R
A	D	A	P	A	G	A	D	O	R	G	J	D	A
W	U	T	H	O	P	F	Z	J	J	D	L	E	H

ACRÍLICO
AQUARELAS
ARGILA
ESCOVAS
CÂMERA
CADEIRA
CARVÃO
CAVALETE
COLA
CORES
LÁPIS
CRIATIVIDADE
ÁGUA
TINTA
APAGADOR
ÓLEO
PAPEL
PASTELS
TINTAS
MESA

92 - Jazz

Ç	H	T	C	O	M	P	O	S	I	Ç	Ã	O	O
A	U	U	É	E	S	T	I	L	O	Z	V	F	R
M	R	Ç	I	C	R	I	T	M	O	W	I	A	Q
R	H	S	S	X	N	F	A	M	O	S	O	V	U
X	V	I	V	D	A	I	R	E	T	A	B	O	E
T	A	L	E	N	T	O	C	F	O	L	G	R	S
C	O	N	C	E	R	T	O	A	D	L	Ê	I	T
F	K	R	C	B	O	Z	O	N	Z	J	N	T	R
Á	B	X	S	A	T	S	I	T	R	A	E	O	A
N	L	G	M	Ç	N	F	N	B	L	S	R	S	C
S	Z	B	Ç	E	P	Ç	W	O	Ç	O	O	M	I
N	C	S	U	Z	Ç	L	Ã	I	M	L	S	O	S
N	O	V	O	M	T	M	Q	O	K	O	K	Y	Ú
I	M	P	R	O	V	I	S	A	Ç	Ã	O	G	M

ÁLBUM
ARTISTA
FAMOSO
CANÇÃO
COMPOSIÇÃO
CONCERTO
FAVORITOS
GÊNERO
IMPROVISAÇÃO
MÚSICA
NOVO
ORQUESTRA
RITMO
SOLO
ESTILO
TALENTO
BATERIA
TÉCNICA

93 - Paysages

K	M	D	Y	E	P	A	R	S	Y	V	Y	N	T
G	Ç	A	L	U	S	N	Í	N	E	P	N	S	U
R	E	Ç	R	C	O	D	E	S	E	R	T	O	N
I	L	Y	S	G	X	G	E	L	E	I	R	A	D
O	A	Y	S	O	A	B	Ç	L	A	G	O	H	R
Ã	V	C	I	E	N	P	I	N	K	N	D	L	A
C	B	O	S	W	R	T	J	Y	V	C	U	I	I
L	O	I	Á	V	E	S	T	U	Á	R	I	O	A
U	S	L	O	Ç	V	I	C	E	B	E	R	G	R
V	D	N	I	A	A	T	A	C	S	A	C	O	P
S	Y	Z	N	N	C	X	R	K	F	V	U	I	Z
N	D	T	O	N	A	T	N	Â	P	F	X	Ç	V
M	O	N	T	A	N	H	A	L	L	K	C	C	P
Q	U	Q	Q	N	N	W	P	Z	X	K	H	X	T

CASCATA
COLINA
DESERTO
ESTUÁRIO
RIO
GEYSER
GELEIRA
CAVERNA
ICEBERG
ILHA
LAGO
PÂNTANO
MAR
MONTANHA
OÁSIS
PENÍNSULA
PRAIA
TUNDRA
VALE
VULCÃO

94 - Pays #1

T	U	M	W	C	K	O	V	Á	M	A	N	A	P
F	I	N	L	Â	N	D	I	A	A	X	W	R	A
R	S	L	Z	R	J	P	I	I	R	T	O	O	L
C	A	N	A	D	Á	P	C	N	R	A	Ç	M	E
N	N	P	U	R	L	O	Ç	Ô	O	R	Z	Ê	M
O	I	B	K	O	E	B	H	L	C	G	L	N	A
R	P	Í	R	D	A	B	N	O	O	E	Í	I	N
U	I	N	V	A	R	F	A	P	S	N	B	A	H
E	L	D	D	U	S	M	A	L	I	T	I	M	A
G	I	I	F	Q	I	I	Q	Y	B	I	A	Ç	W
A	F	A	F	E	E	I	L	J	L	N	P	N	Q
N	I	C	A	R	Á	G	U	A	V	A	A	G	C
A	F	E	G	A	N	I	S	T	Ã	O	S	R	J
Ç	U	M	L	E	S	P	A	N	H	A	P	V	I

AFEGANISTÃO
ALEMANHA
ARGENTINA
BRASIL
CANADÁ
ESPANHA
EQUADOR
FINLÂNDIA
ÍNDIA
ISRAEL
LÍBIA
MALI
MARROCOS
NICARÁGUA
NORUEGA
PANAMÁ
FILIPINAS
POLÔNIA
ROMÊNIA

95 - Nombres

D	B	R	Q	Y	C	R	A	P	S	D	D	D	O
C	E	Y	L	A	M	I	C	E	D	S	O	E	S
G	X	Z	F	C	L	S	N	F	I	E	Z	Z	Q
O	X	W	E	O	I	T	O	C	K	I	E	O	U
S	E	T	E	N	B	D	K	Y	O	S	Z	I	A
E	T	K	A	X	O	R	Y	V	R	C	E	T	T
V	E	Q	E	Z	N	V	B	I	T	B	R	O	O
K	S	D	N	P	A	U	E	N	A	U	T	O	R
Z	S	Y	D	O	M	Y	D	T	U	L	H	Y	Z
D	E	Z	O	A	V	G	B	E	Q	N	J	K	E
Z	Z	R	I	S	I	E	S	S	E	Z	E	D	E
E	E	E	S	I	H	Q	U	I	N	Z	E	J	G
R	D	N	C	B	O	C	S	B	U	T	R	Ê	S
O	H	X	L	C	J	Ç	Y	U	B	M	Ç	G	D

CINCO
DOIS
DECIMAL
DEZ
DEZOITO
DEZENOVE
DEZESSETE
DOZE
OITO
NOVE
QUATORZE
QUATRO
QUINZE
DEZESSEIS
SETE
SEIS
TREZE
TRÊS
VINTE
ZERO

96 - Psychologie

I	E	X	P	E	R	I	Ê	N	C	I	A	S	C
C	N	H	F	C	E	W	H	O	D	R	X	A	O
P	O	C	Y	C	G	M	O	S	T	E	S	I	N
H	E	M	O	W	O	Y	B	E	E	A	P	C	F
O	O	N	P	N	S	F	S	Õ	R	L	R	N	L
Ã	Ã	U	S	O	S	O	J	Ç	A	I	O	Ê	I
Ç	Ç	L	R	A	R	C	L	O	P	D	B	U	T
P	A	S	K	F	M	T	I	M	I	A	L	L	O
E	I	U	P	P	J	E	A	E	A	D	E	F	P
C	L	Í	N	I	C	O	N	M	N	E	M	N	S
R	A	S	O	N	H	O	S	T	E	T	A	I	I
E	V	D	B	V	M	D	M	W	O	N	E	P	Q
P	A	E	O	Ã	Ç	A	S	N	E	S	T	W	J
I	N	F	Â	N	C	I	A	U	S	E	R	O	M

CLÍNICO
COMPORTAMENTO
CONFLITO
EGO
INFÂNCIA
EXPERIÊNCIAS
EMOÇÕES
AVALIAÇÃO
INCONSCIENTE
INFLUÊNCIAS
PENSAMENTOS
PERCEPÇÃO
PROBLEMA
REALIDADE
SONHOS
SENSAÇÃO
TERAPIA

97 - Nature

A	G	I	V	P	I	O	N	V	D	U	S	F	N
B	P	Z	T	N	I	Ã	A	I	I	O	A	O	E
E	Á	A	F	V	N	S	B	T	N	A	N	L	W
L	A	R	C	R	I	O	R	A	Â	M	T	H	B
H	A	E	T	Í	V	R	I	L	M	E	U	A	V
A	A	O	R	I	F	E	G	H	I	G	Á	G	C
S	T	Q	L	D	C	I	O	W	C	A	R	E	M
R	S	R	J	A	Ç	O	C	T	O	V	I	M	X
G	E	L	E	I	R	A	M	O	R	L	O	A	A
T	R	O	P	I	C	A	L	S	N	E	V	U	N
T	O	S	E	R	E	N	O	H	M	S	S	O	Q
C	L	S	W	F	Ç	O	R	I	E	O	V	E	N
O	F	C	G	W	A	N	I	M	A	I	S	Y	D
B	E	L	E	Z	A	D	Z	W	I	V	X	G	D

ABELHAS
ABRIGO
ANIMAIS
ÁRTICO
BELEZA
NEVOEIRO
DESERTO
DINÂMICO
EROSÃO
FOLHAGEM
RIO
FLORESTA
GELEIRA
NUVENS
PACÍFICO
SANTUÁRIO
SELVAGEM
SERENO
TROPICAL
VITAL

98 - Chimie

C	T	P	C	W	H	B	A	T	M	S	H	C	C
Z	A	A	L	C	A	L	I	N	O	A	I	P	A
S	W	L	A	T	Ó	M	I	C	O	L	D	C	T
M	T	N	O	R	T	É	L	E	U	L	R	L	A
E	U	W	M	R	A	E	L	C	U	N	O	O	L
M	V	Ç	Ç	V	H	S	Q	Ç	S	Á	G	R	I
Á	O	I	N	É	G	I	X	O	E	L	Ê	O	S
C	S	L	I	Y	N	A	A	L	N	X	N	K	A
I	E	L	É	B	Z	T	W	Í	Z	U	I	S	D
D	P	J	N	C	N	E	P	Q	I	Í	O	N	O
O	C	C	N	N	U	M	Z	U	M	O	I	L	R
H	X	D	F	O	Ç	L	E	I	A	N	V	J	X
C	A	R	B	O	N	O	A	D	V	Z	K	Ç	V
N	G	Q	X	P	A	N	Z	O	X	V	E	F	R

ÁCIDO
ALCALINO
ATÓMICO
CARBONO
CATALISADOR
CALOR
CLORO
ENZIMA
ELÉTRON
GÁS
HIDROGÊNIO
ÍON
LÍQUIDO
METAIS
MOLÉCULA
NUCLEAR
OXIGÉNIO
PESO
SAL

99 - Bateaux

M	M	P	T	C	M	A	R	É	B	L	A	P	Z
A	A	J	R	J	A	X	N	C	B	H	H	G	H
R	S	A	I	S	U	N	T	L	B	X	O	J	O
I	T	N	P	V	I	N	O	C	S	U	A	H	C
N	R	G	U	E	B	Á	S	A	O	E	D	K	E
H	O	A	L	L	P	U	R	I	O	R	C	X	A
E	H	D	A	E	N	T	A	E	Z	O	D	L	N
I	N	A	Ç	I	C	I	Y	C	P	T	Y	A	O
R	Ç	Q	Ã	R	J	C	I	A	R	O	C	N	Â
O	M	S	O	O	M	O	W	I	H	M	W	M	N
B	I	A	T	E	A	S	L	A	B	Ç	J	H	W
Y	Ó	X	T	Z	R	Z	N	Q	L	A	G	O	O
Q	W	I	O	N	D	A	S	U	O	A	C	V	N
T	P	V	A	E	U	Ç	X	E	C	L	W	G	T

ÂNCORA
BÓIA
CANOA
CORDA
TRIPULAÇÃO
BALSA
RIO
CAIAQUE
LAGO
MARÉ
MARINHEIRO
MASTRO
MAR
MOTOR
NÁUTICO
OCEANO
JANGADA
ONDAS
VELEIRO
IATE

100 - Mesures

F	N	X	Y	C	B	U	Q	S	L	L	S	H	V
N	P	M	I	N	U	T	O	A	I	P	P	R	O
T	O	N	E	L	A	D	A	F	T	Z	E	I	Y
V	R	H	T	A	Ç	R	R	K	R	C	Q	S	M
O	M	G	Y	M	I	R	U	M	O	D	U	N	O
L	H	Z	B	I	A	G	G	T	T	F	I	K	S
U	N	O	E	C	S	Q	R	Q	L	G	L	M	X
M	N	T	J	E	S	P	A	A	C	A	Ô	E	U
E	Z	O	O	D	A	P	L	F	M	W	M	T	L
C	E	N	T	Í	M	E	T	R	O	A	E	R	J
Q	U	I	L	O	G	R	A	M	A	Ç	T	O	M
P	O	L	E	G	A	D	A	B	R	N	R	E	B
E	K	O	H	O	G	R	A	U	G	O	O	B	D
C	O	M	P	R	I	M	E	N	T	O	U	J	C

CENTÍMETRO
GRAU
DECIMAL
GRAMA
ALTURA
QUILOGRAMA
QUILÔMETRO
LARGURA
LITRO
COMPRIMENTO
MASSA
METRO
MINUTO
BYTE
ONÇA
PESO
POLEGADA
TONELADA
VOLUME

1 - Adjectifs #2

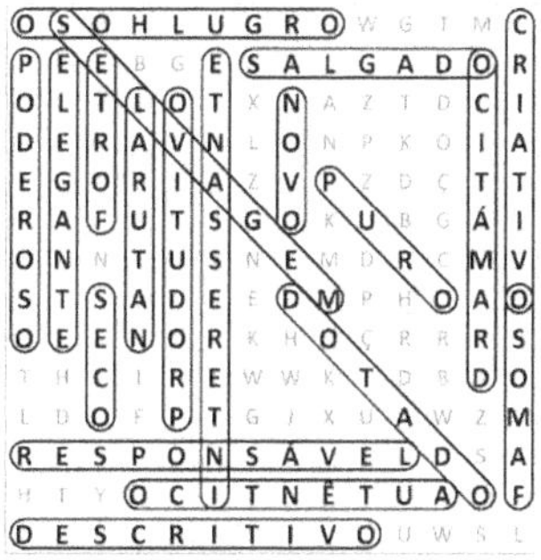

2 - Exploration

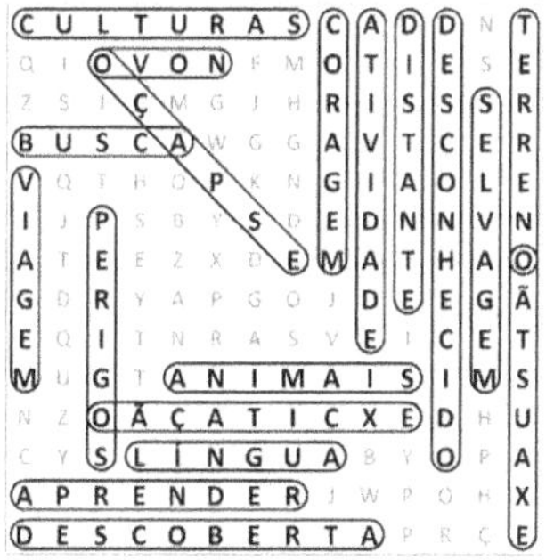

3 - Force et Gravité

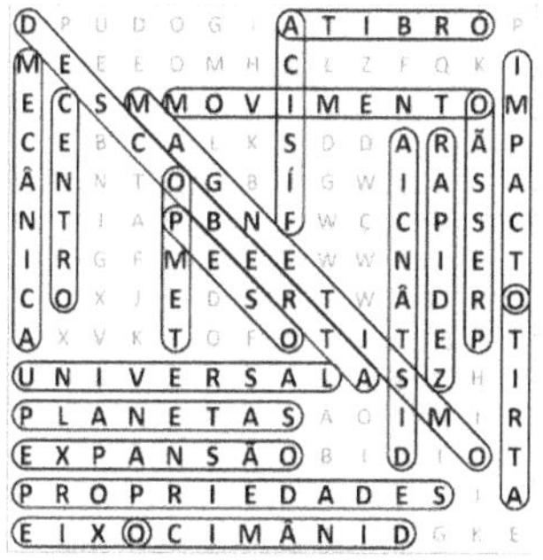

4 - Adjectifs #1

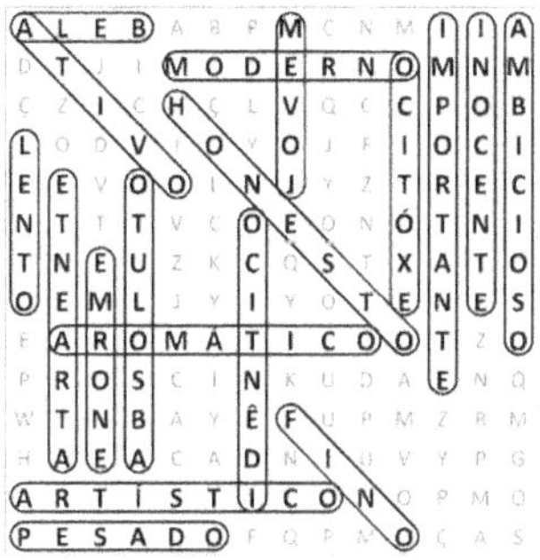

5 - Instruments de Musique

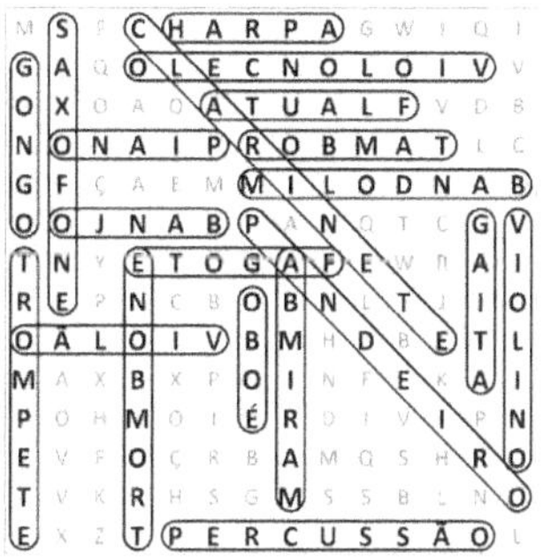

6 - Échecs

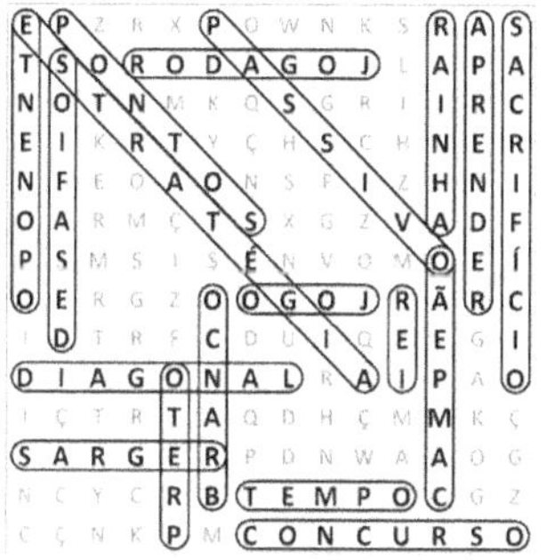

7 - Herboristerie

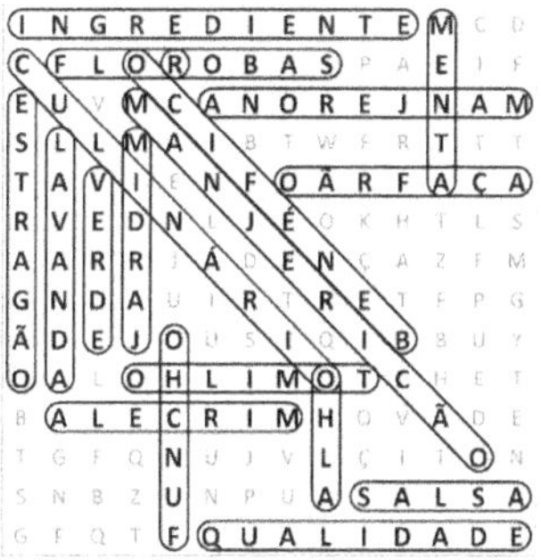

8 - Véhicules

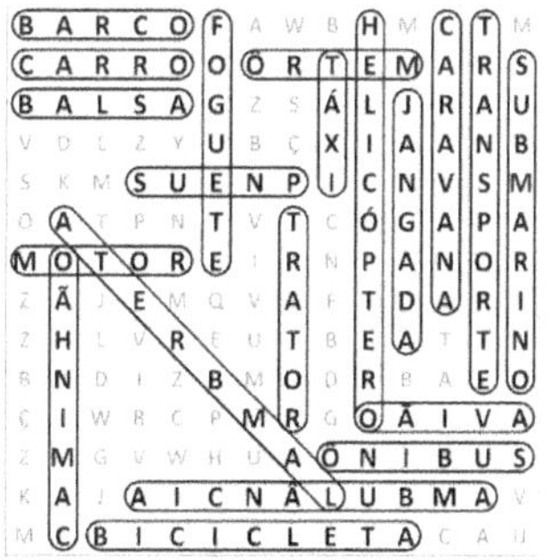

9 - Camping

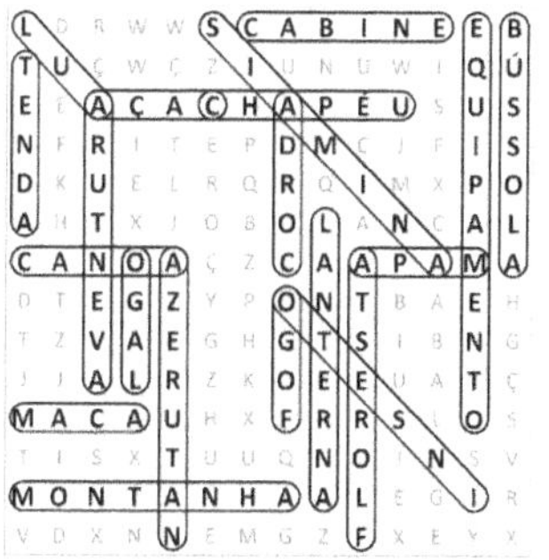

10 - Écologie

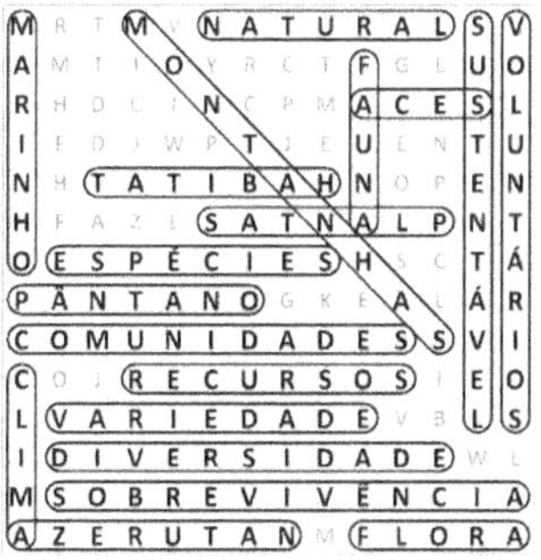

11 - Géométrie

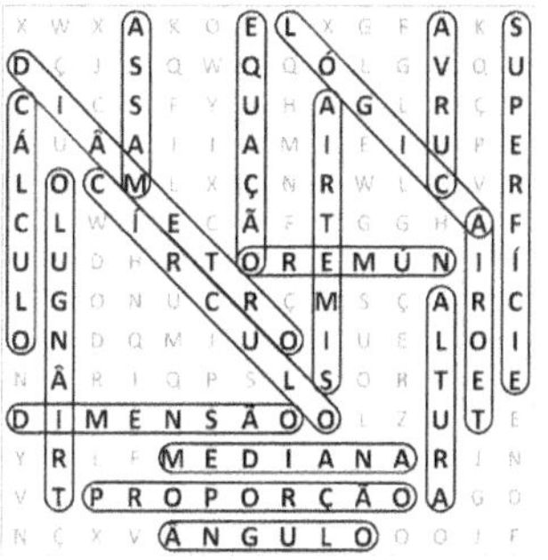

12 - Les Médias

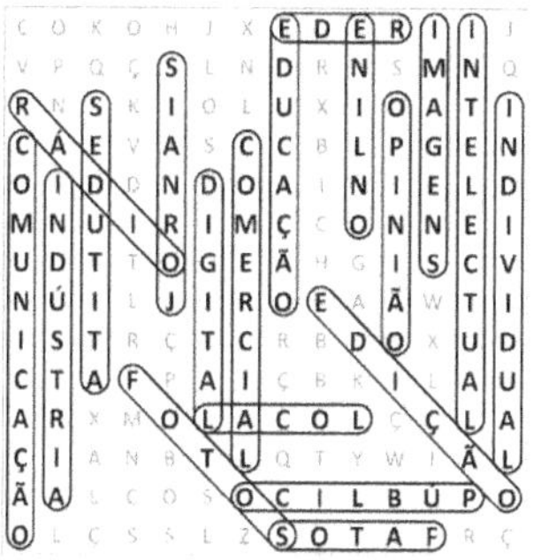

13 - Philanthropie

14 - Diplomatie

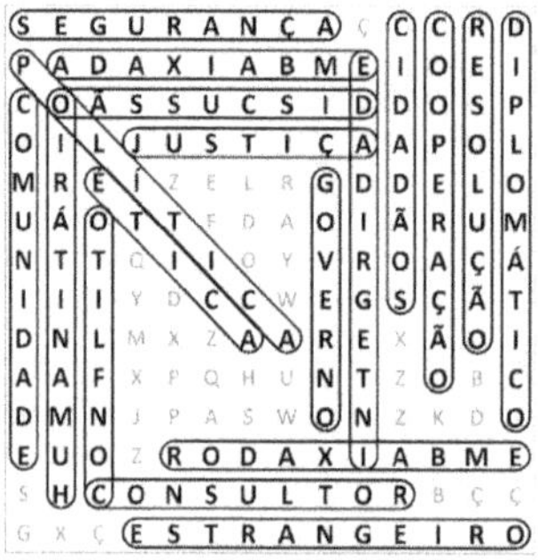

15 - Astronomie

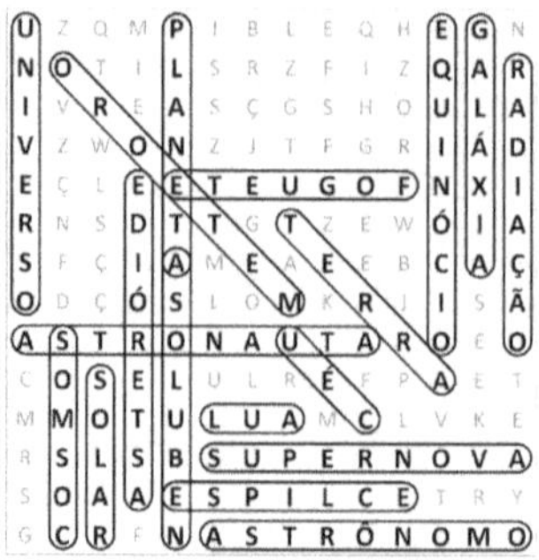

16 - Physique

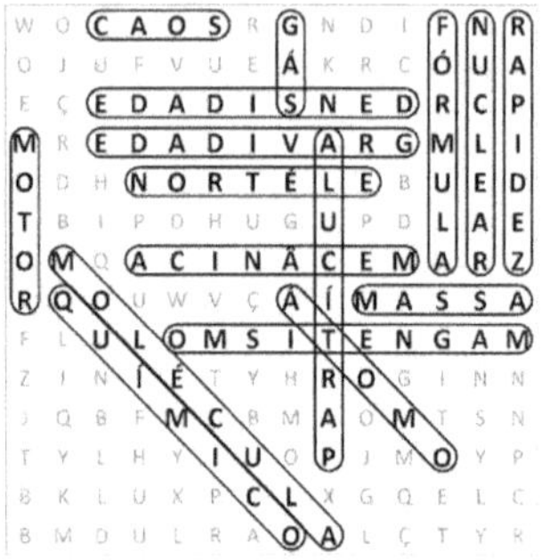

17 - Types de Cheveux

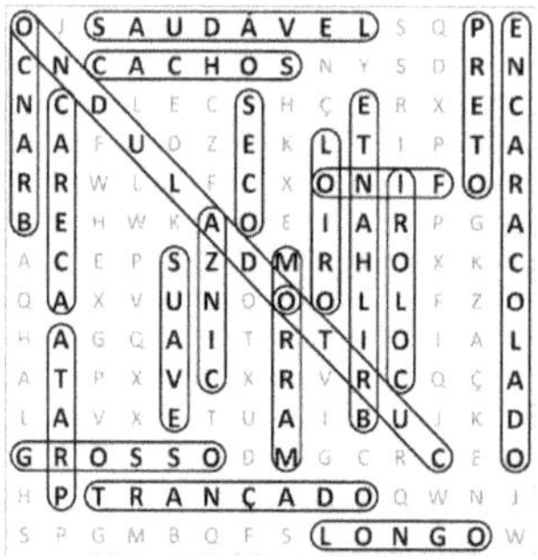

18 - Archéologie

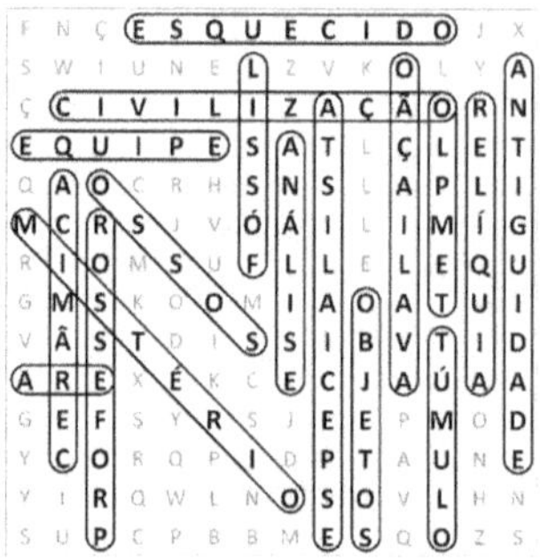

19 - Mammifères

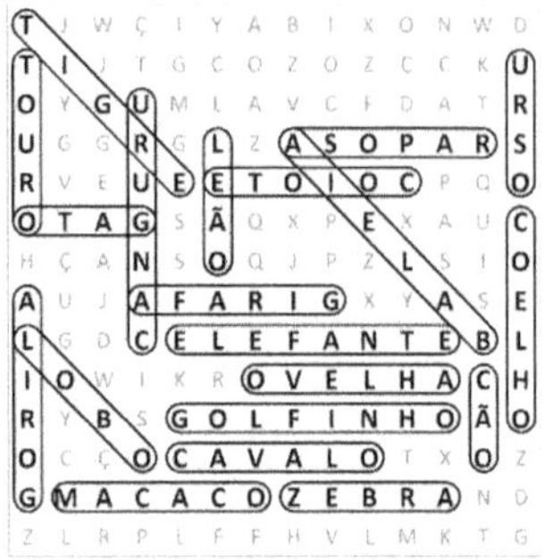

20 - Chocolat

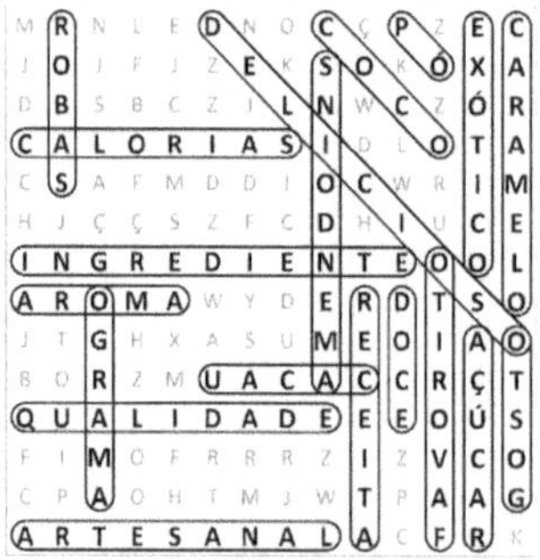

21 - Mathématiques

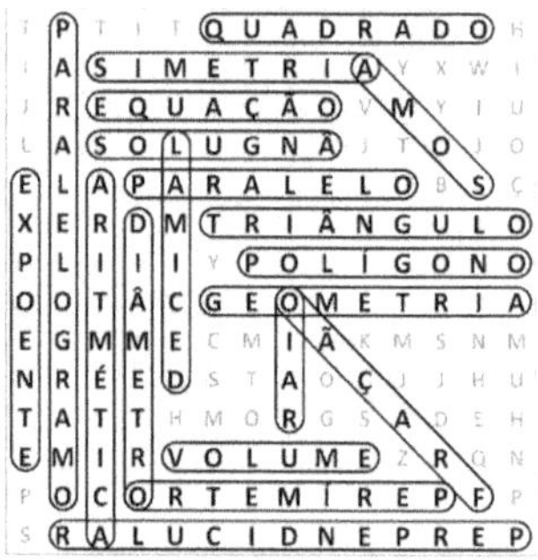

22 - Sport

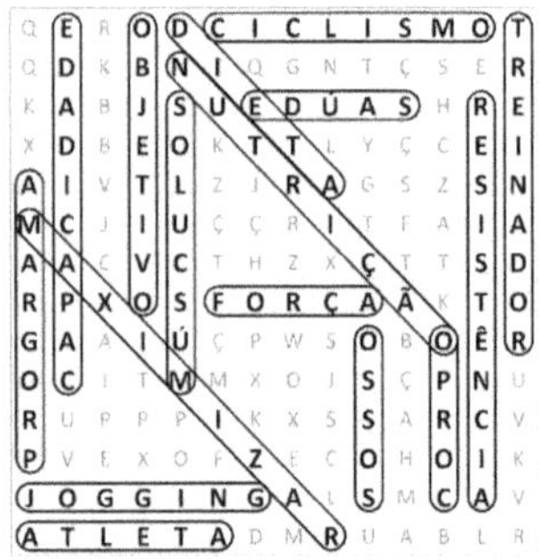

23 - Mythologie

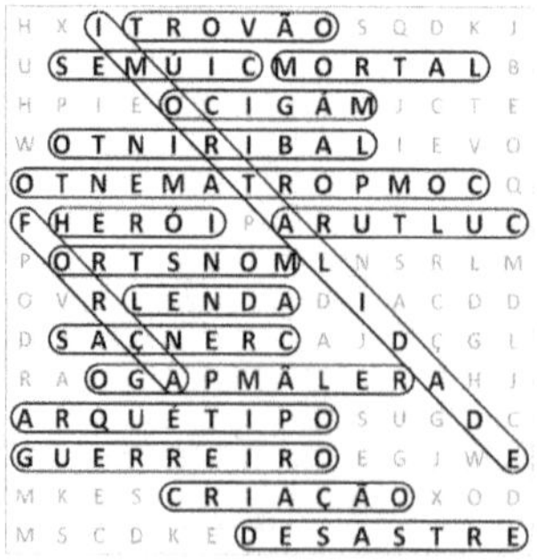

24 - Restaurant #2

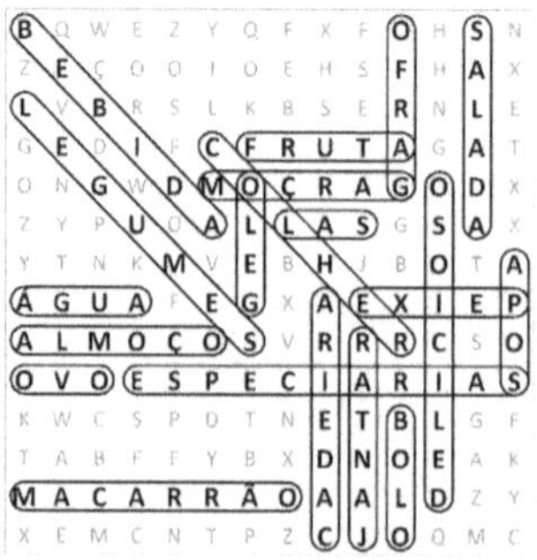

25 - Beauté

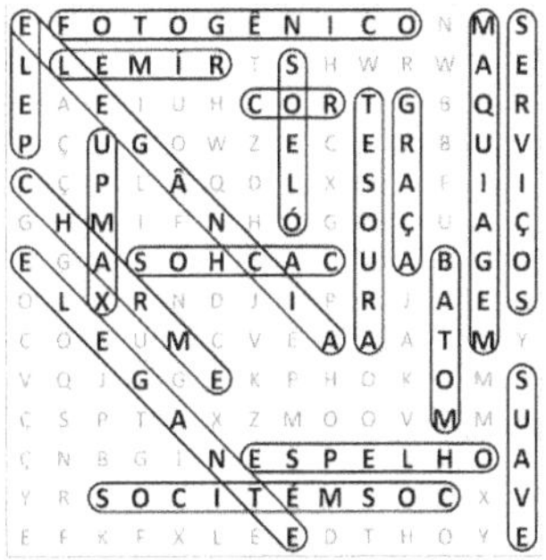

26 - Avions

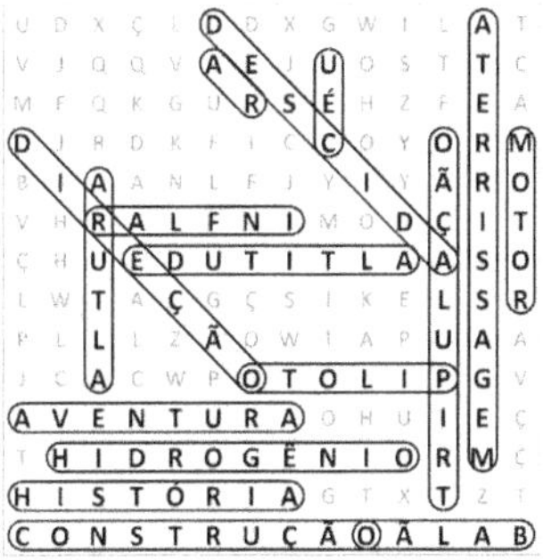

27 - Aventure

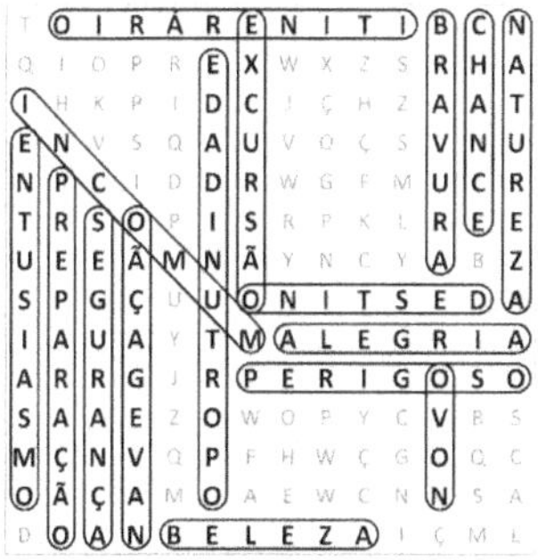

28 - Ville

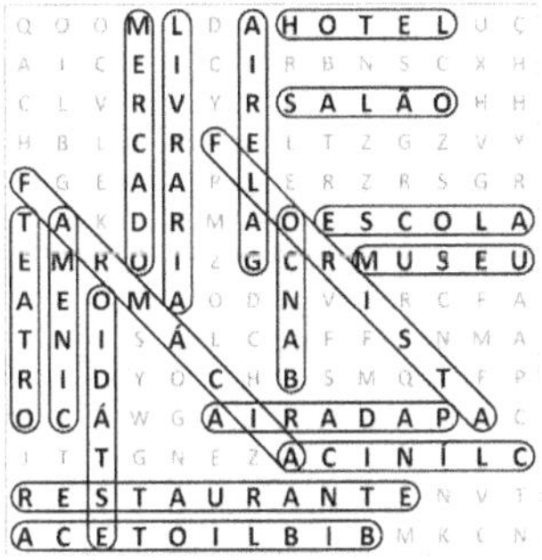

29 - Ingénierie

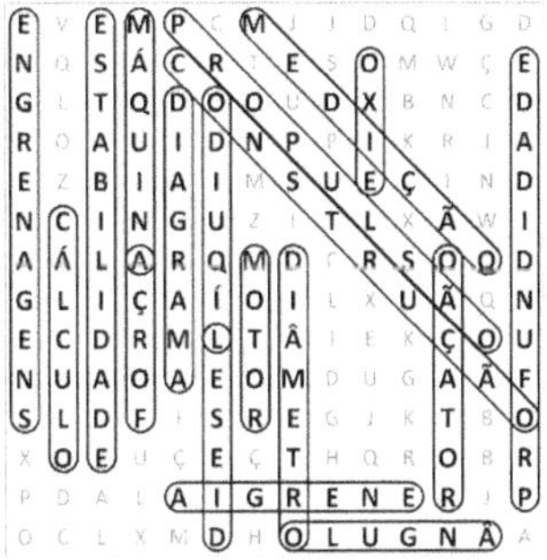

30 - Énergie

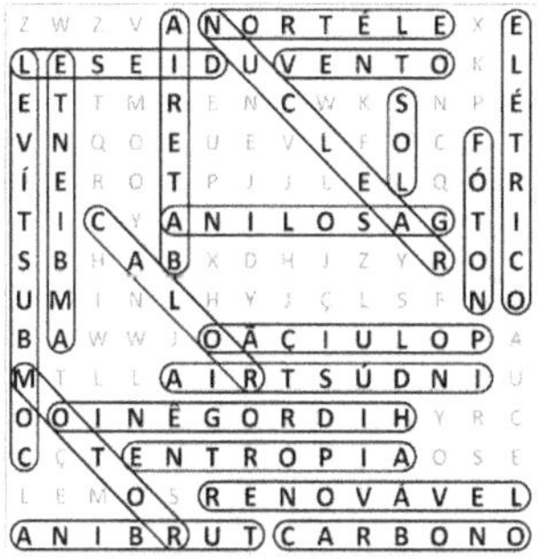

31 - Cuisine

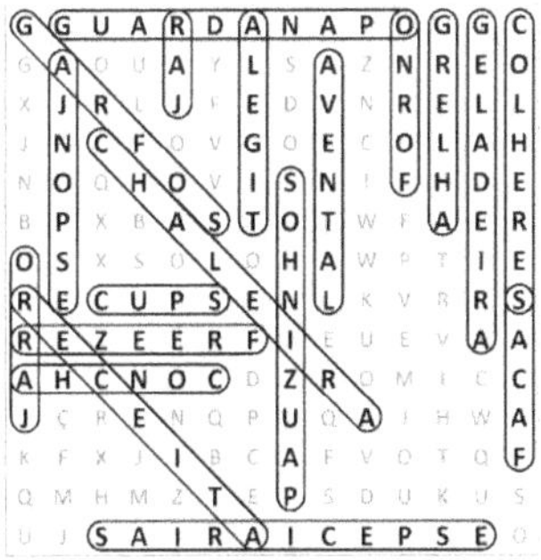

32 - Corps Humain

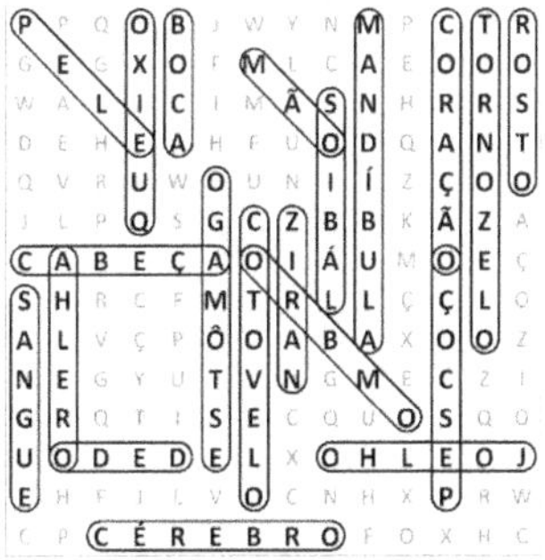

33 - Épices

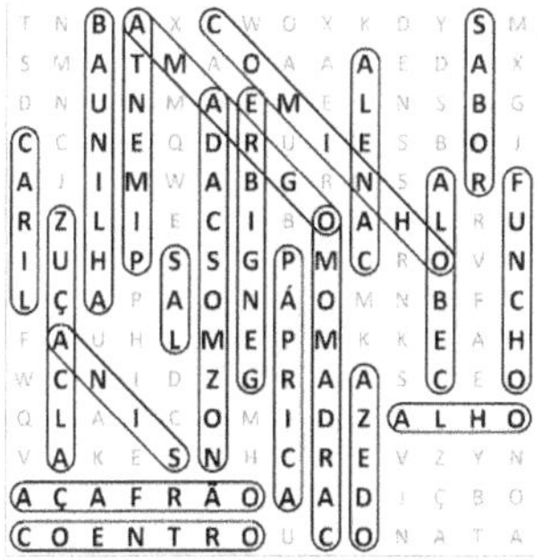

34 - Science

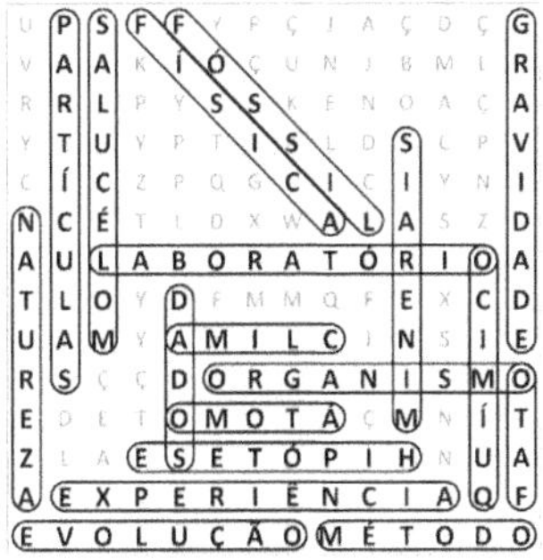

35 - Vêtements

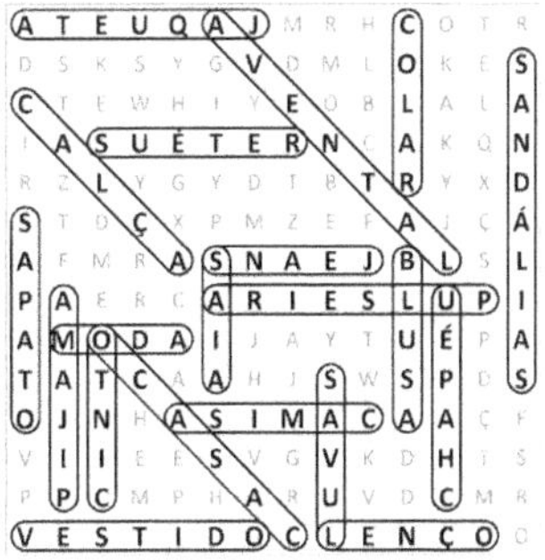

36 - Arts Visuels

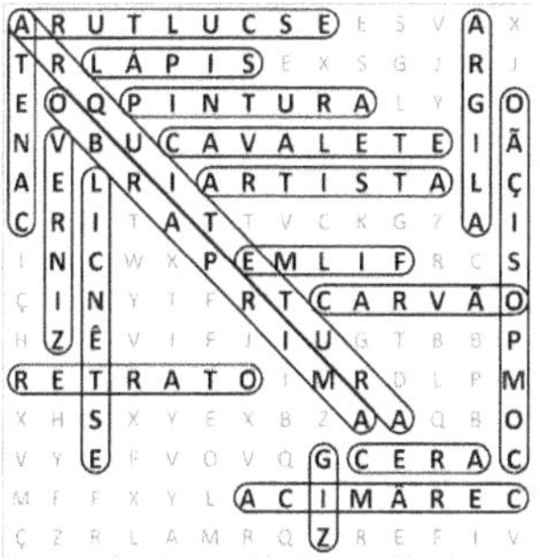

37 - Méditation

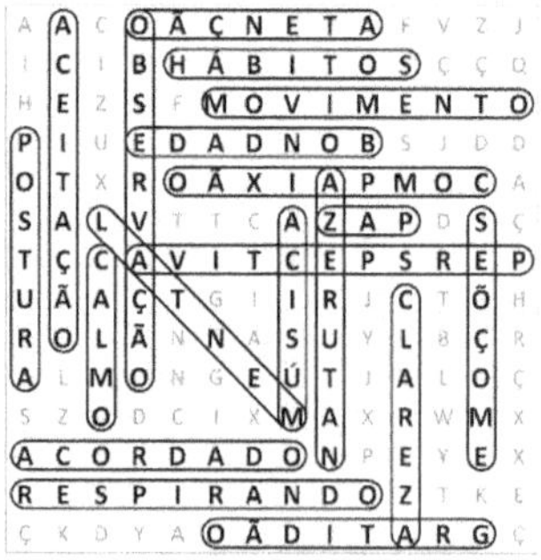

38 - Littérature

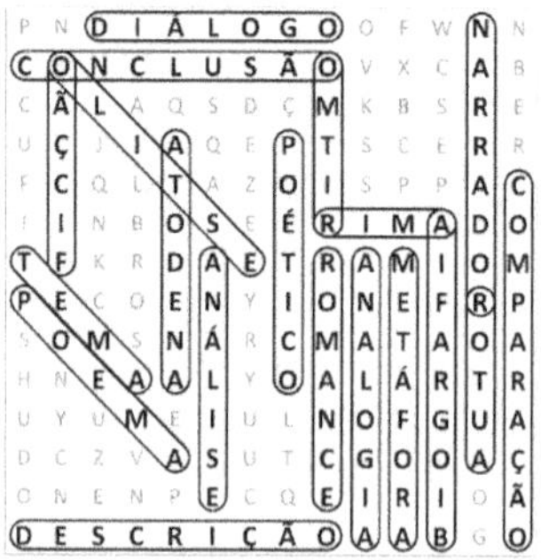

39 - Nourriture #1

40 - Jours et Mois

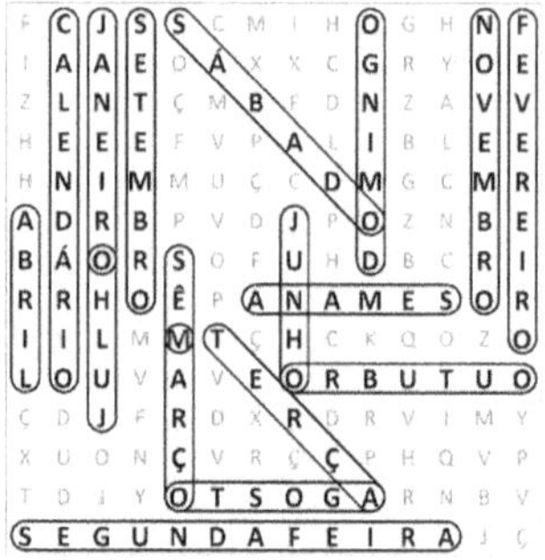

41 - Jardinage

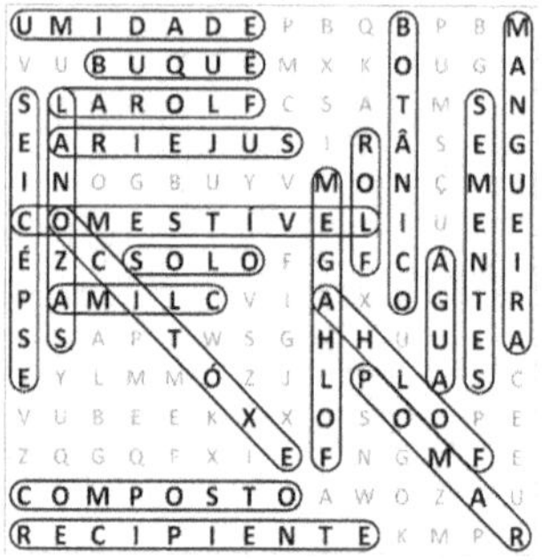

42 - Entreprise

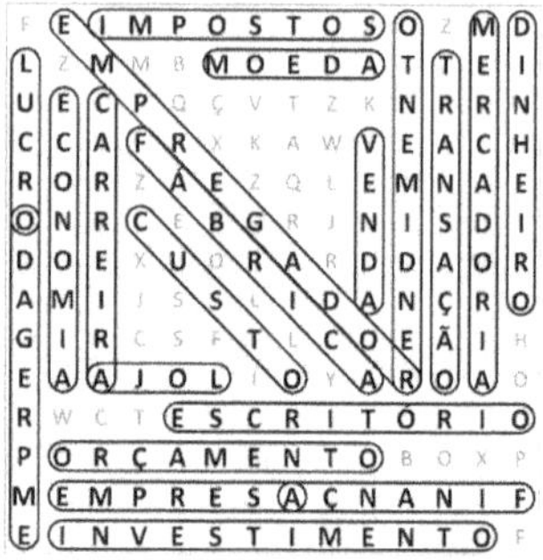

43 - Mode

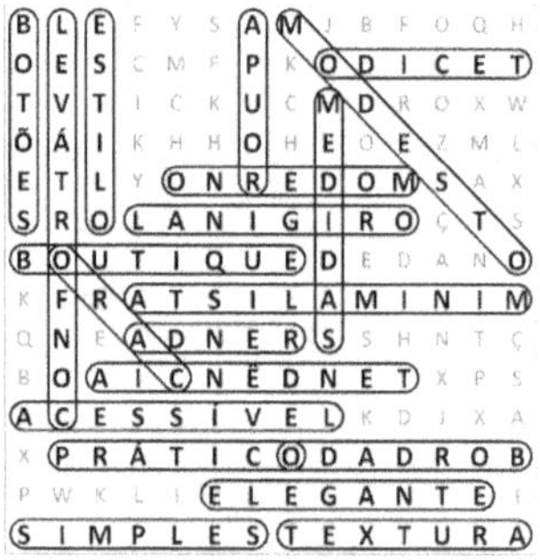

44 - Fleurs

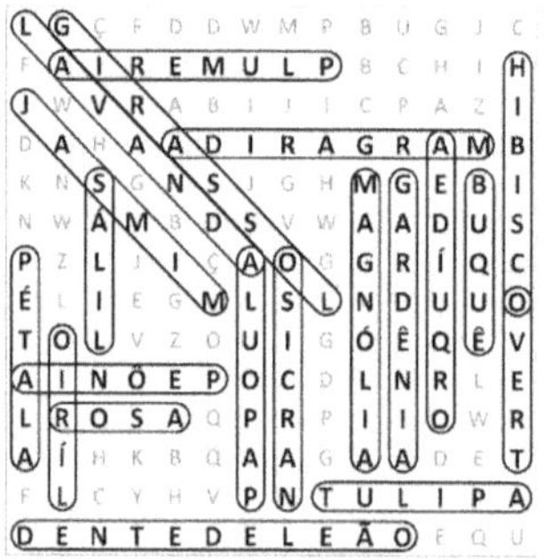

45 - Nourriture #2

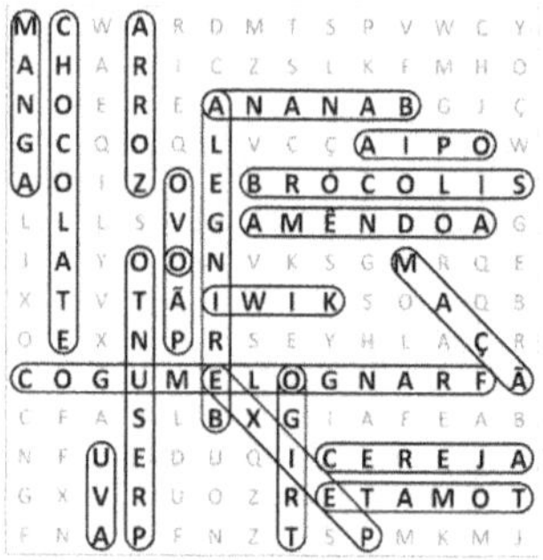

46 - Algèbre

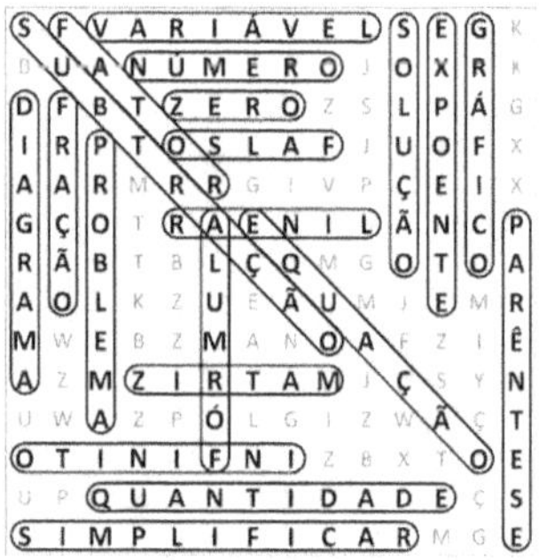

47 - Océan

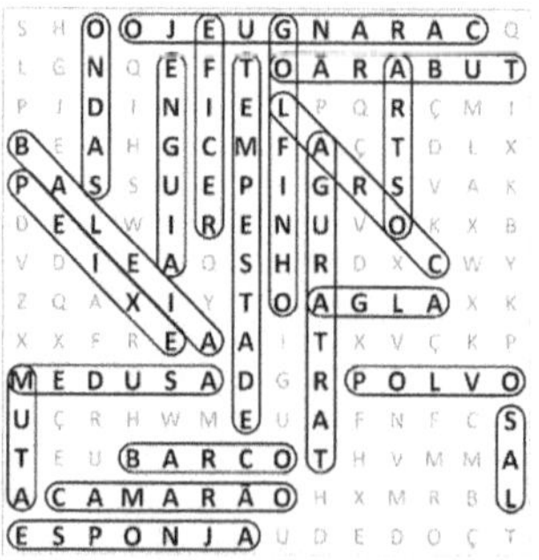

48 - Antiquités

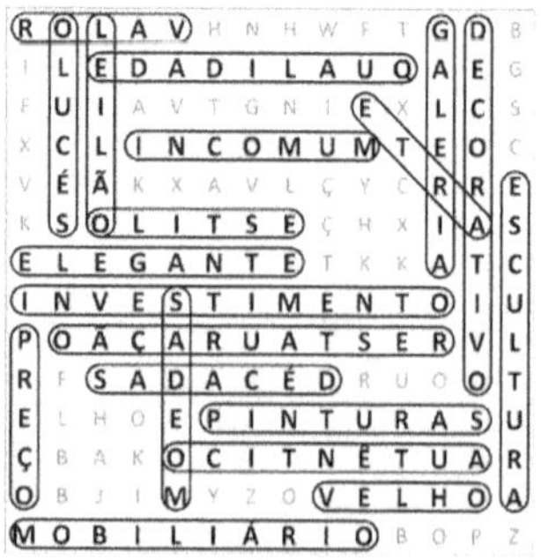

49 - Ballet

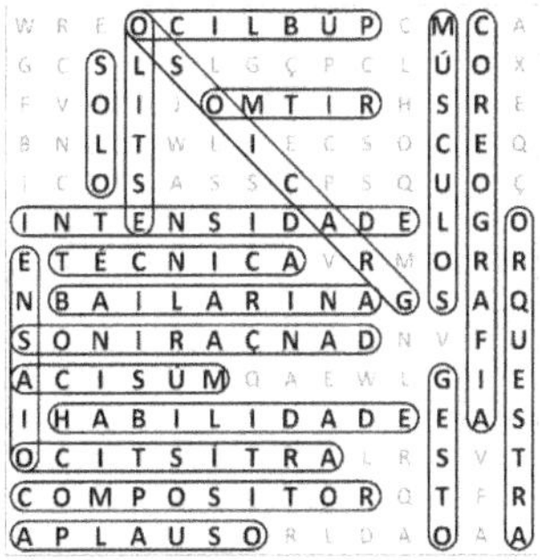

50 - Fruit

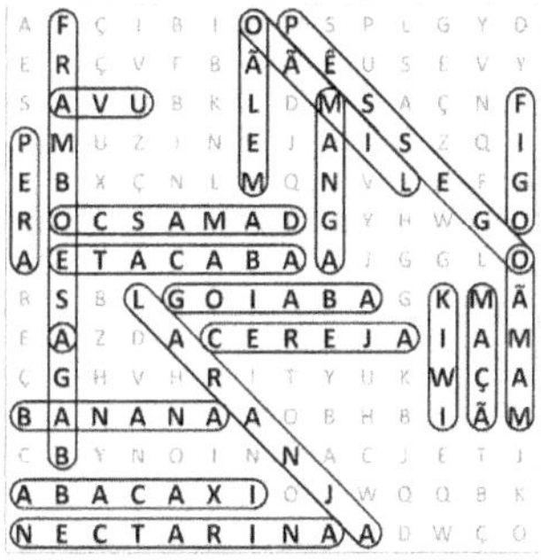

51 - Musique

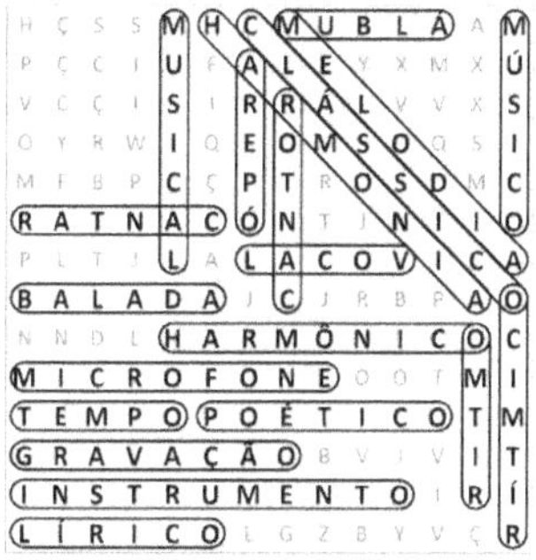

52 - Météo

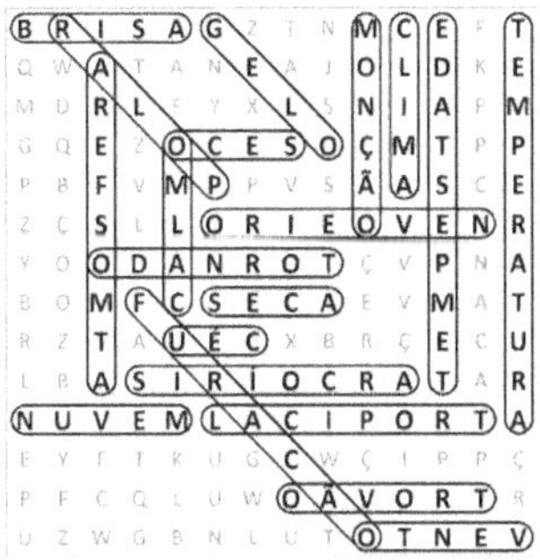

53 - L'Entreprise

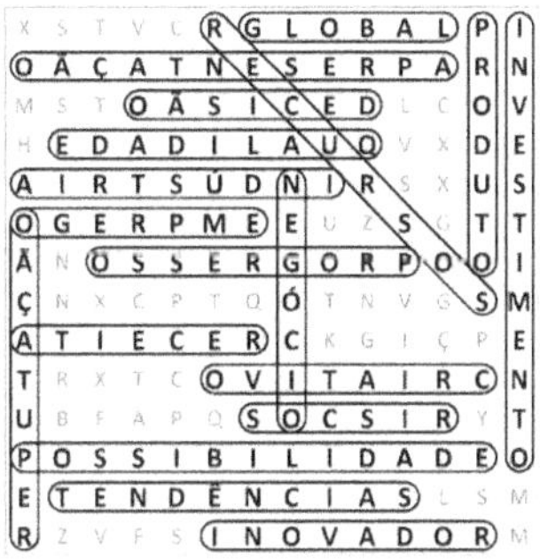

54 - Gouvernement

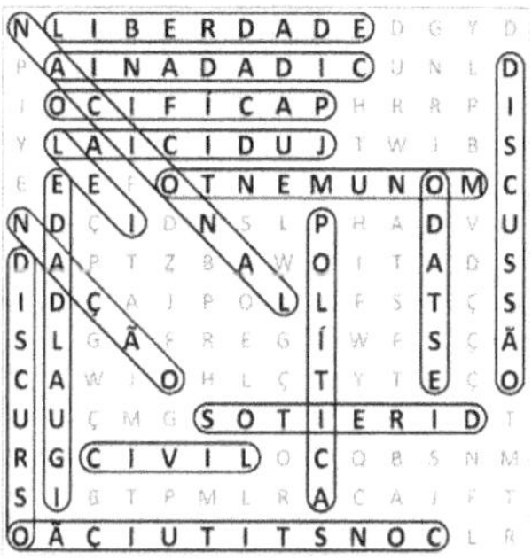

55 - Randonnée

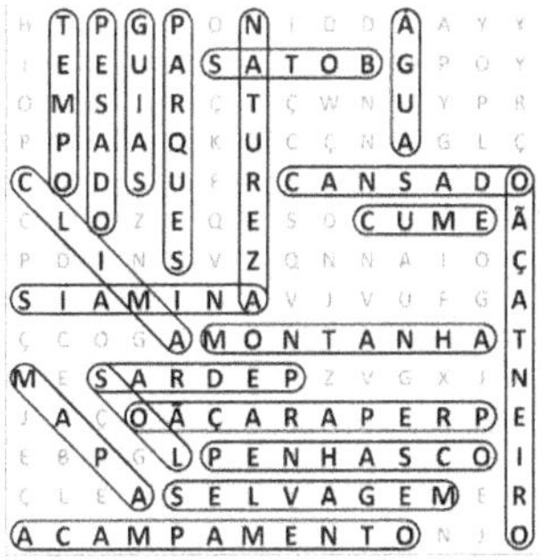

56 - Art

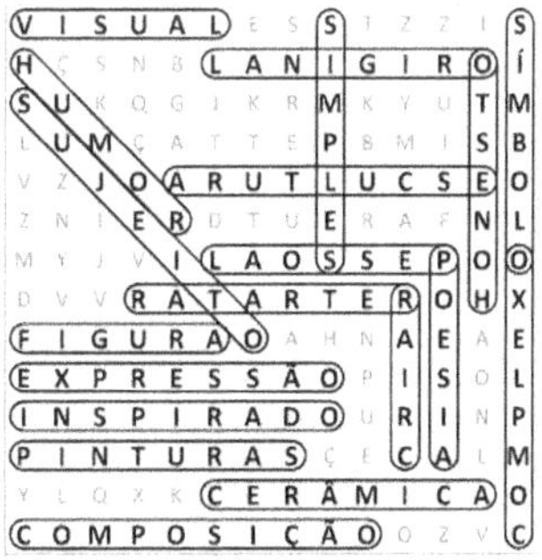

57 - Nutrition

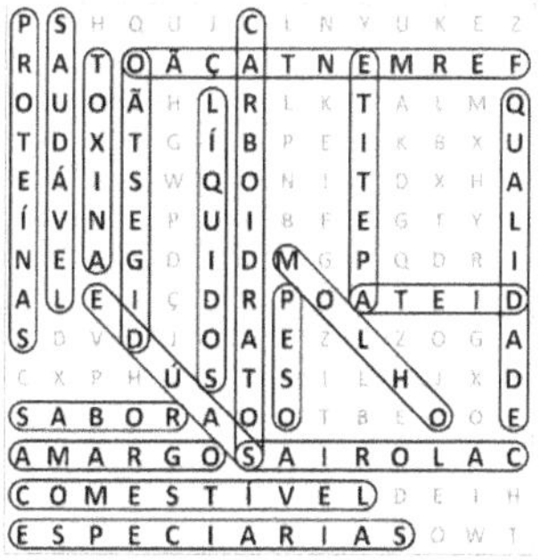

58 - Créativité

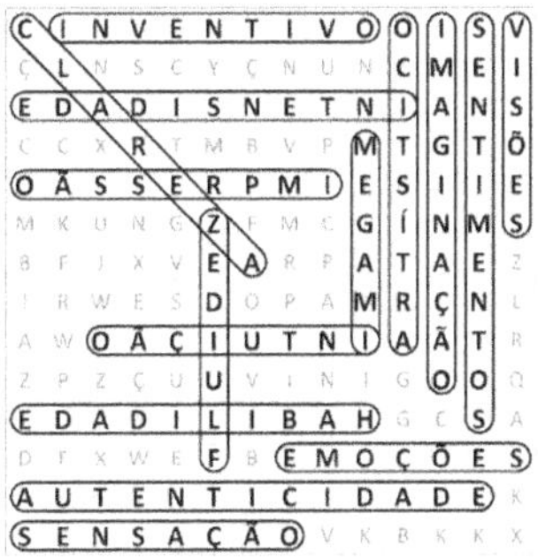

59 - Science Fiction

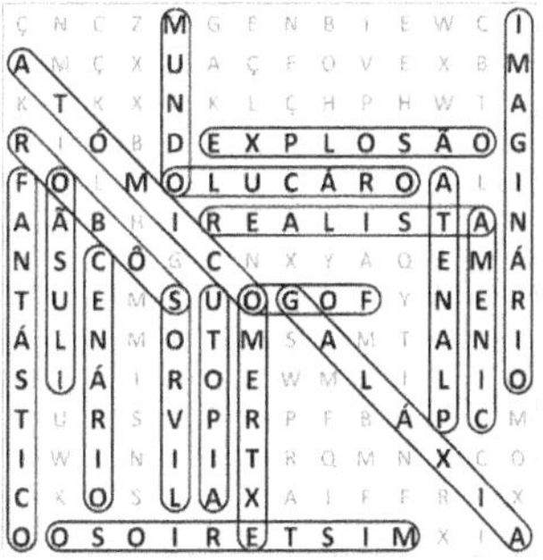

60 - Professions #1

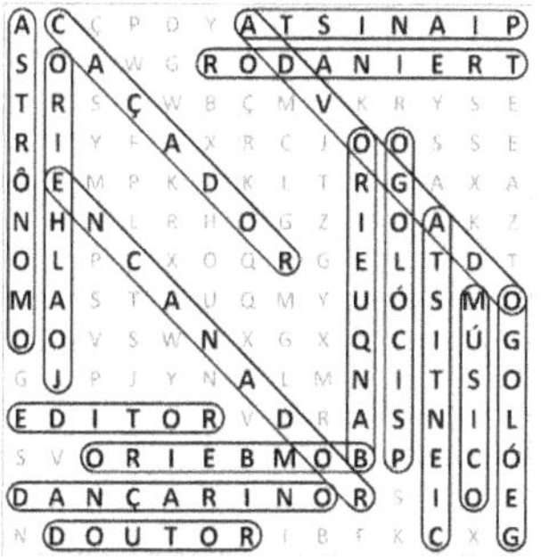

61 - Géologie

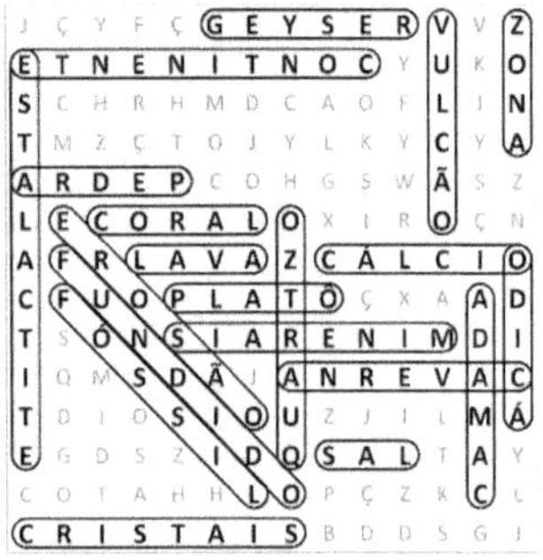

62 - Cirque

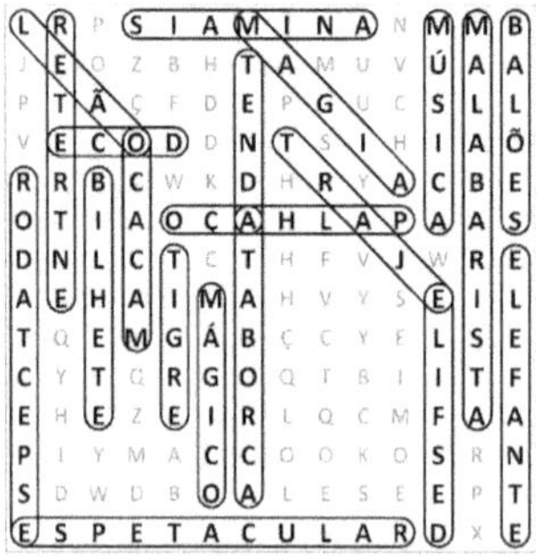

63 - Jardin

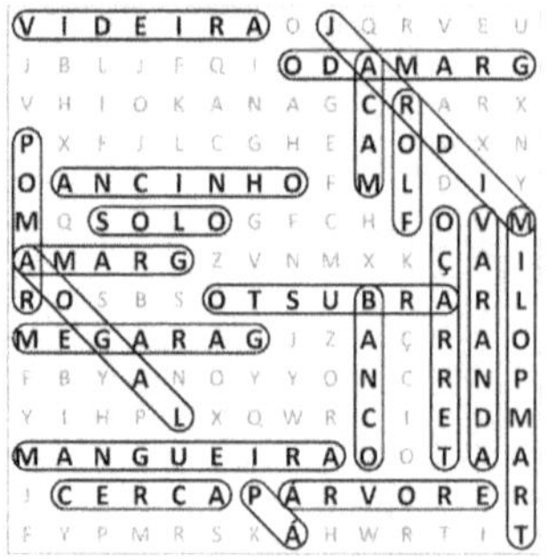

64 - Santé et Bien Être #1

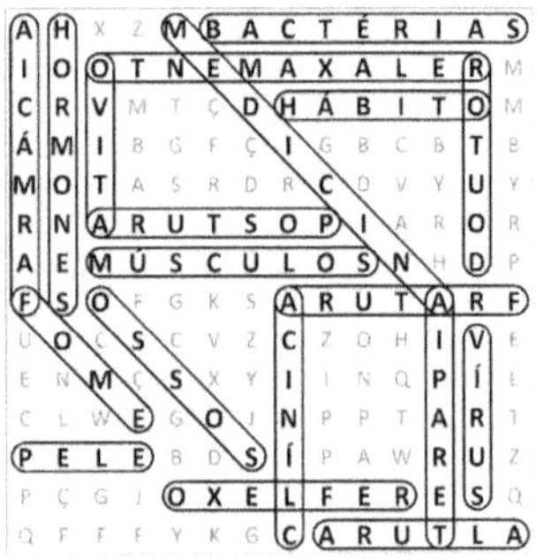

65 - Barbecues

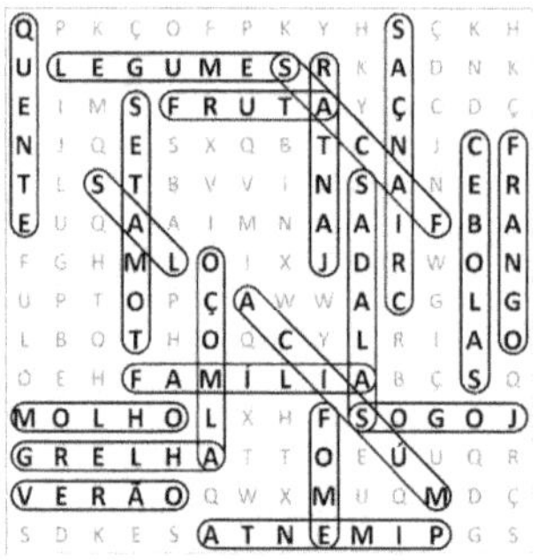

66 - Forêt Tropicale

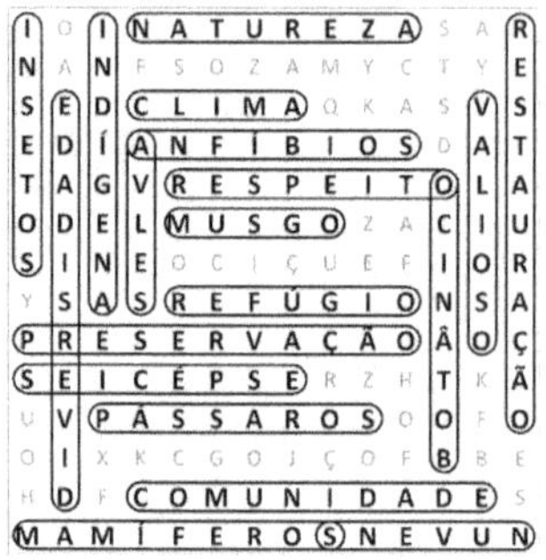

67 - Ferme #1

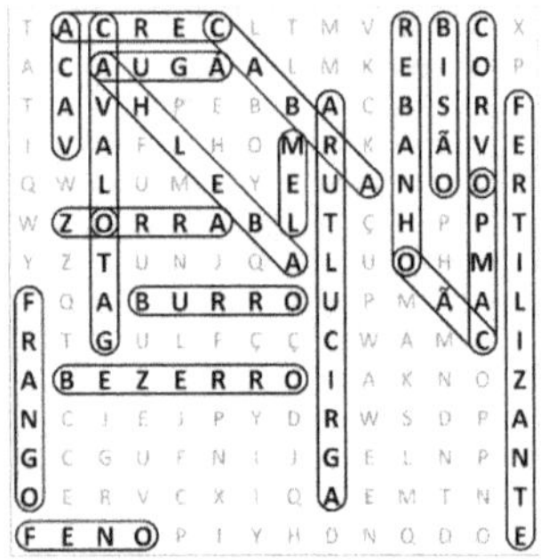

68 - Café

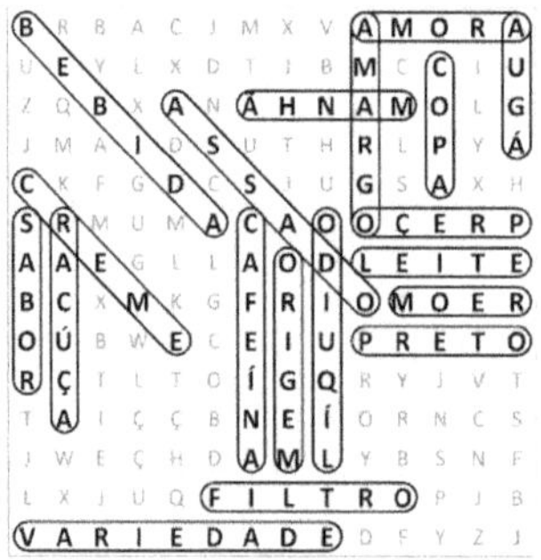

69 - Antarctique

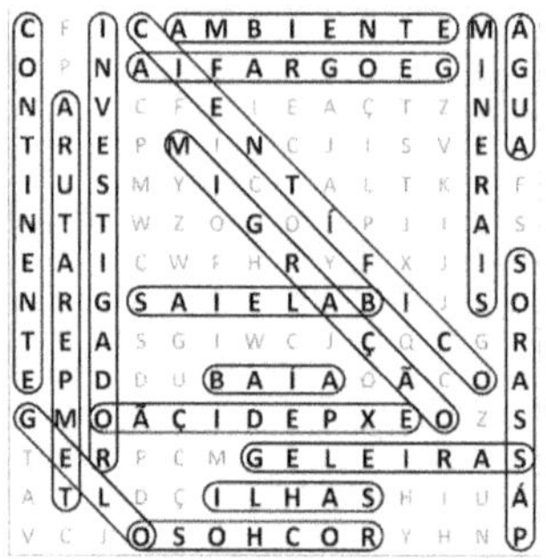

70 - Professions #2

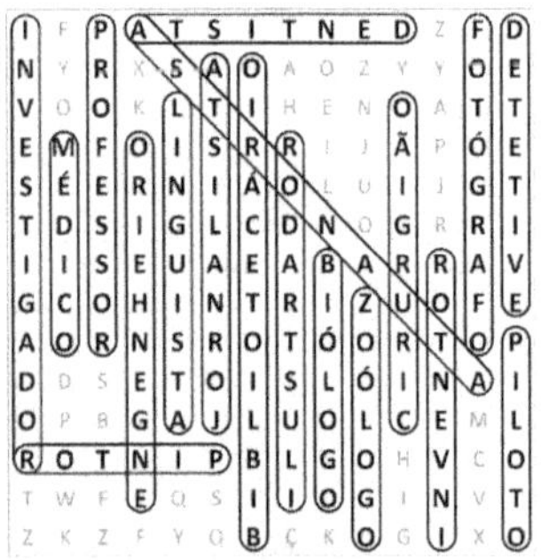

71 - Les Abeilles

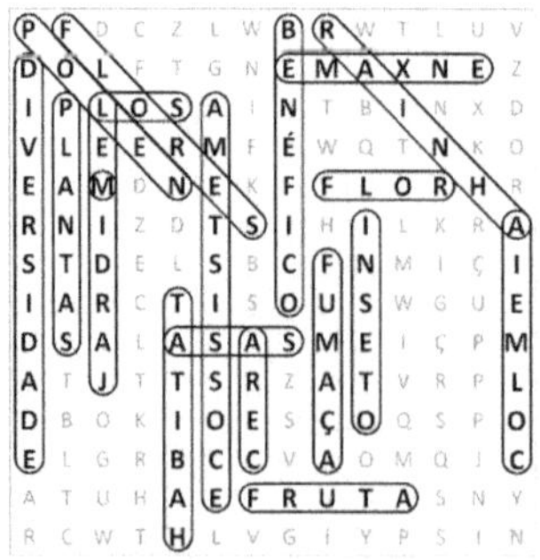

72 - Santé et Bien Être #2

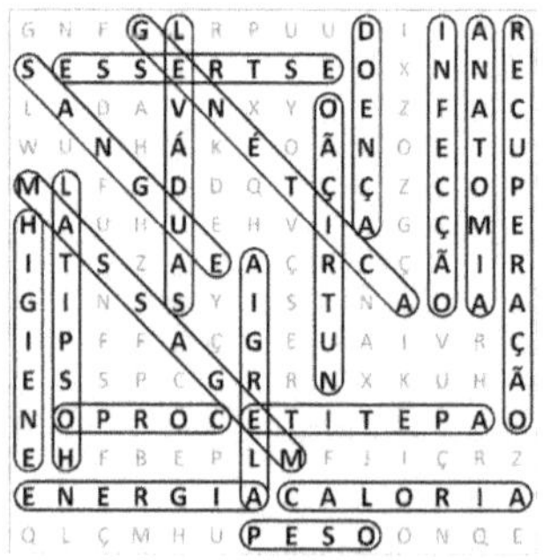

73 - Conduite

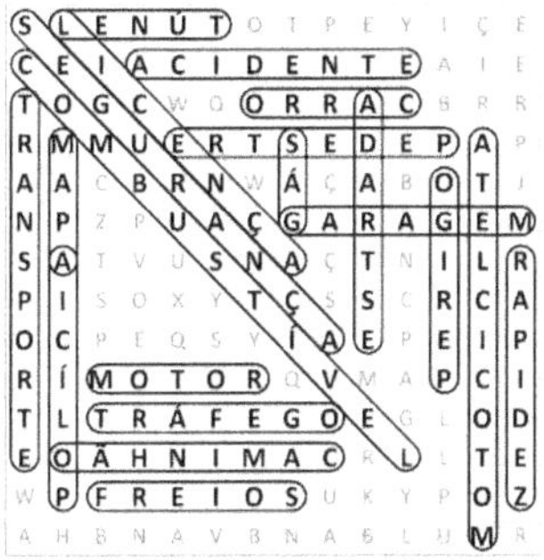

74 - Plantes

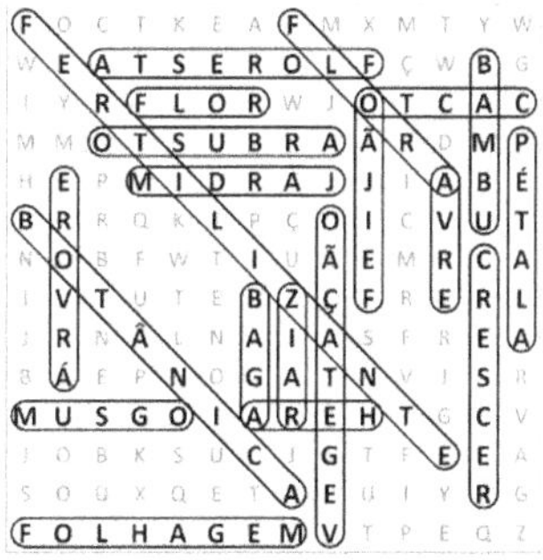

75 - Ferme #2

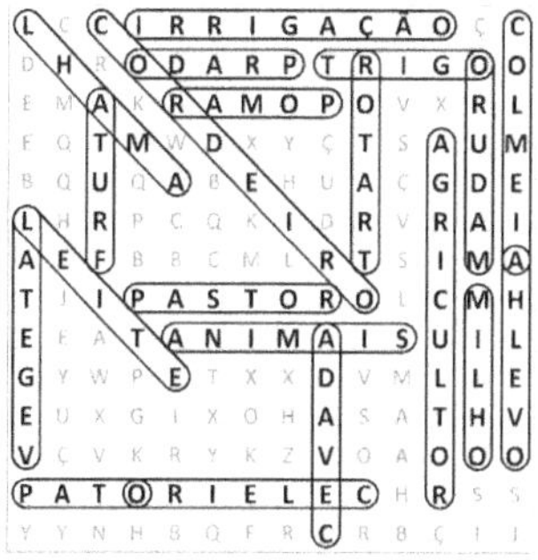

76 - Vacances #2

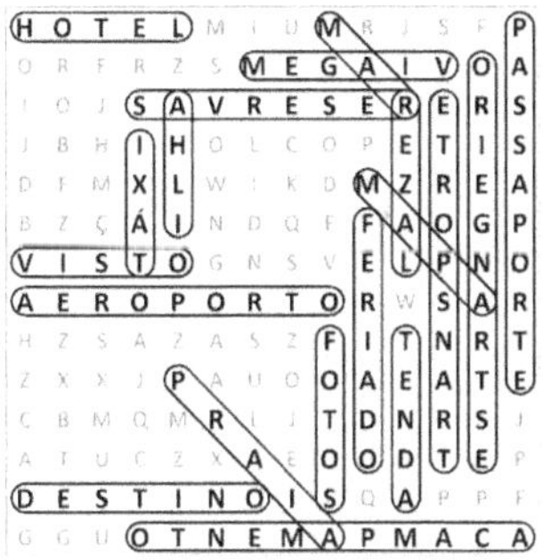

77 - Éthique

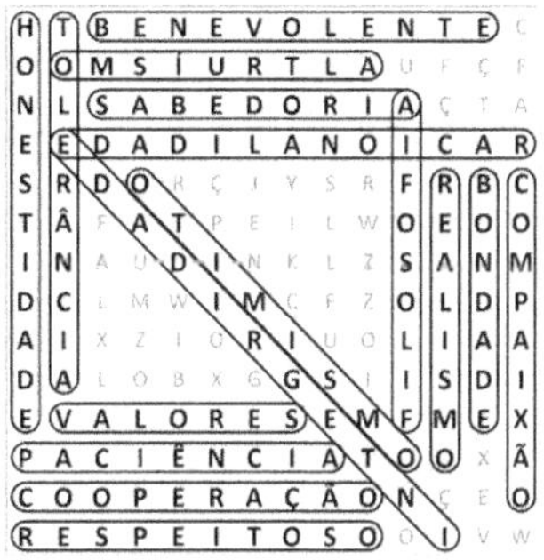

78 - Temps

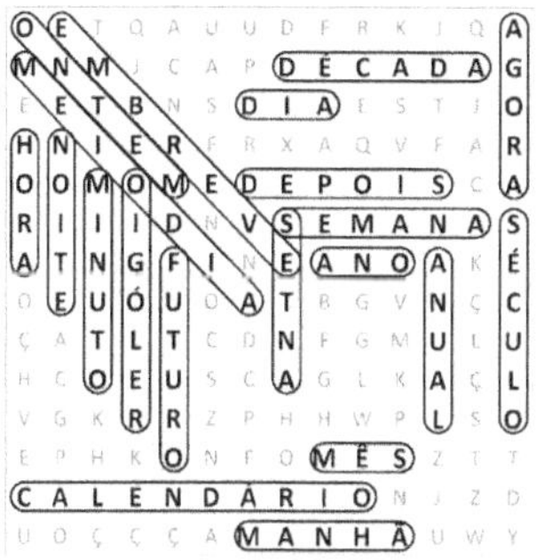

79 - Maison

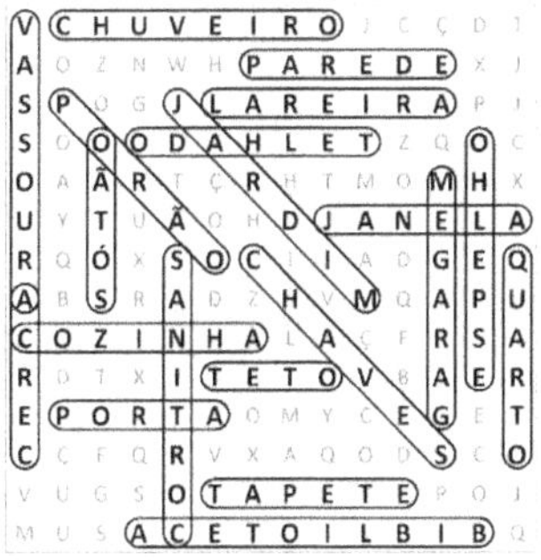

80 - Légumes

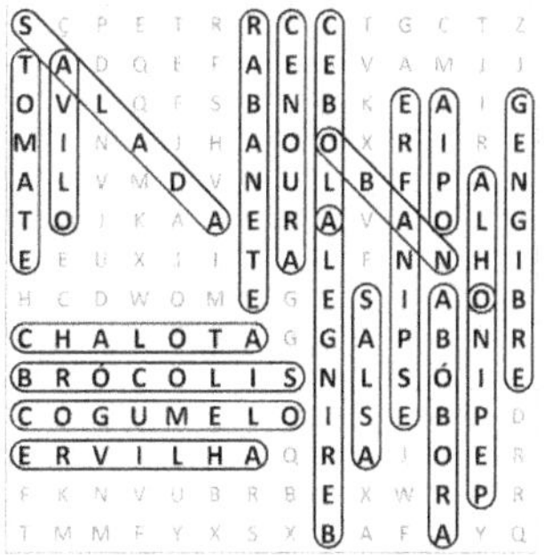

81 - Famille

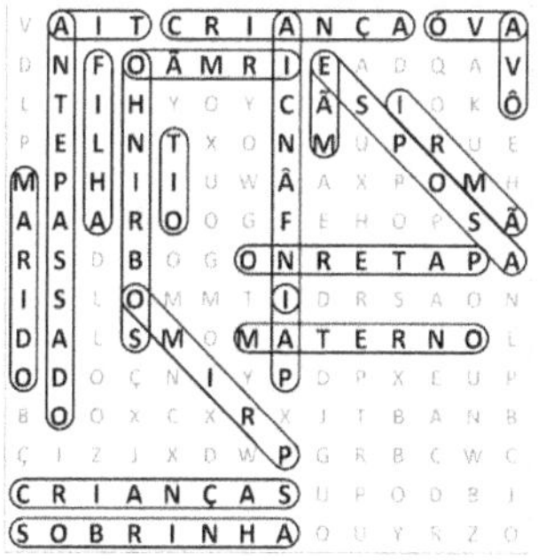

82 - Oiseaux

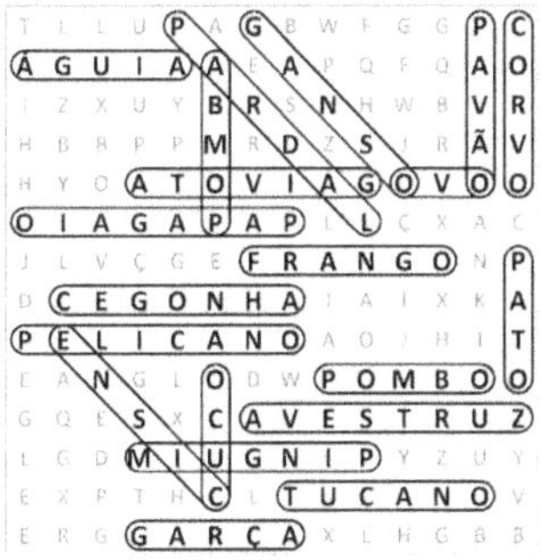

83 - Disciplines Scientifiques

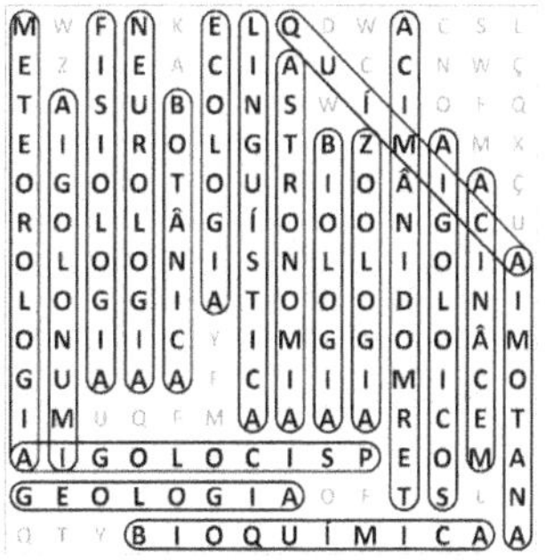

84 - Univers

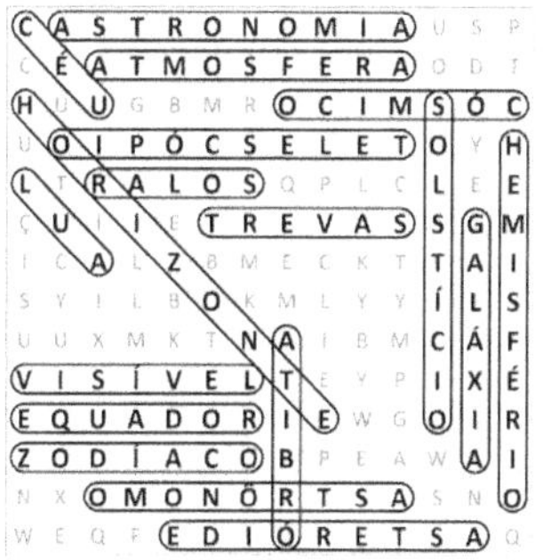

85 - Géographie

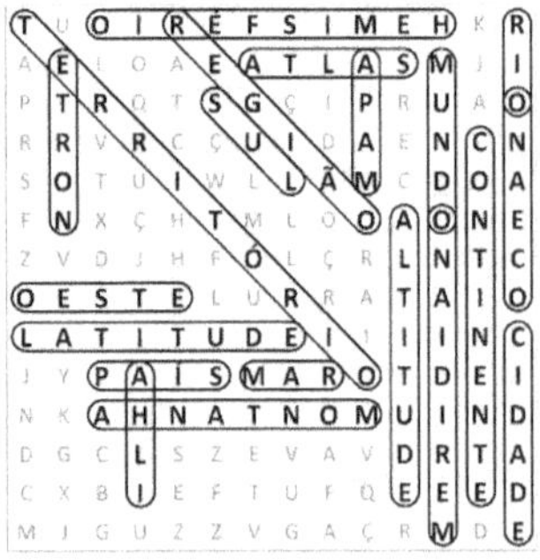

86 - Danse

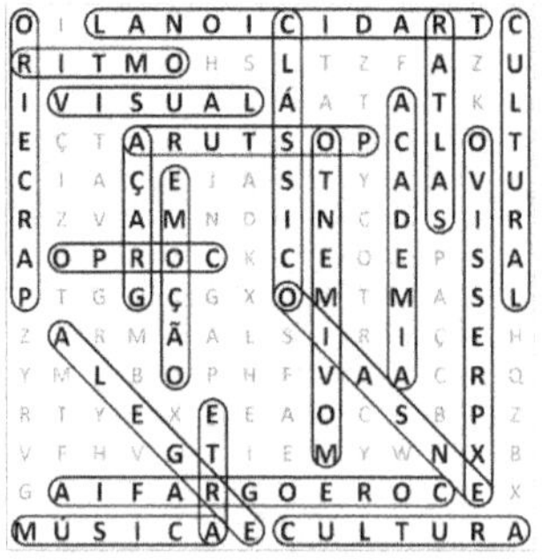

87 - Bâtiments

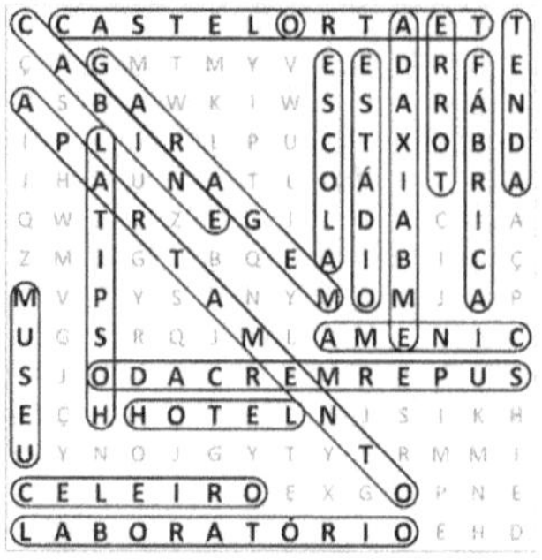

88 - Activités et Loisirs

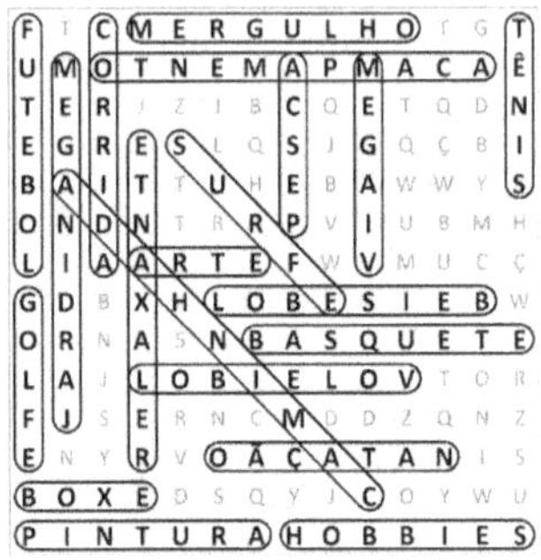

89 - Livres

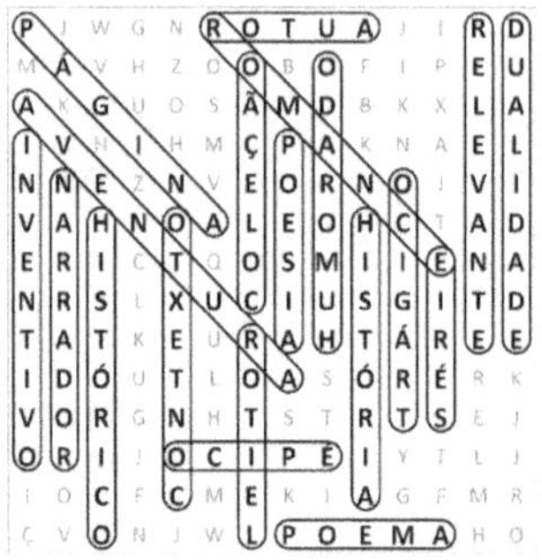

90 - Pays #2

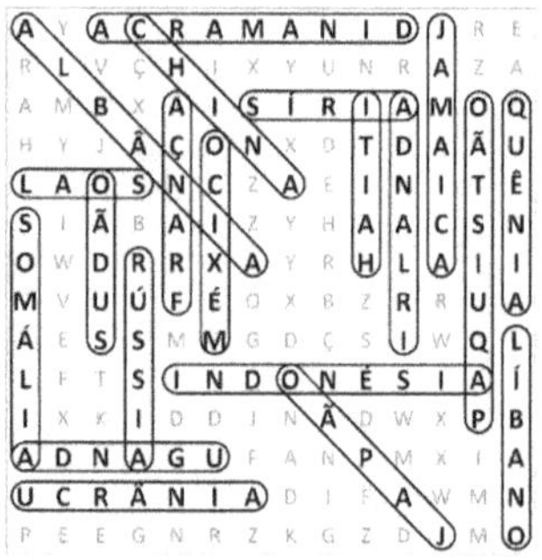

91 - Fournitures d'Art

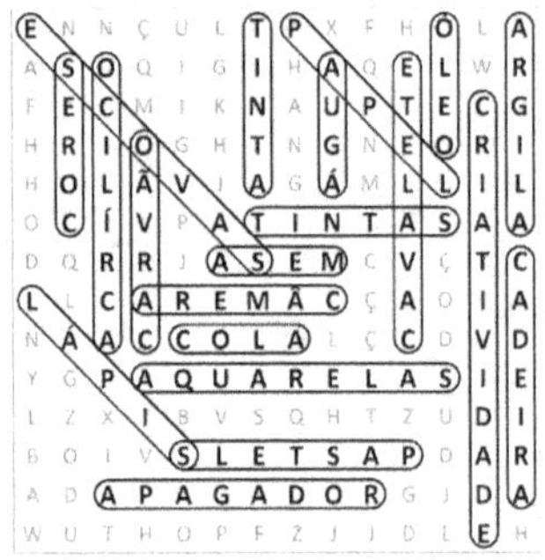

92 - Jazz

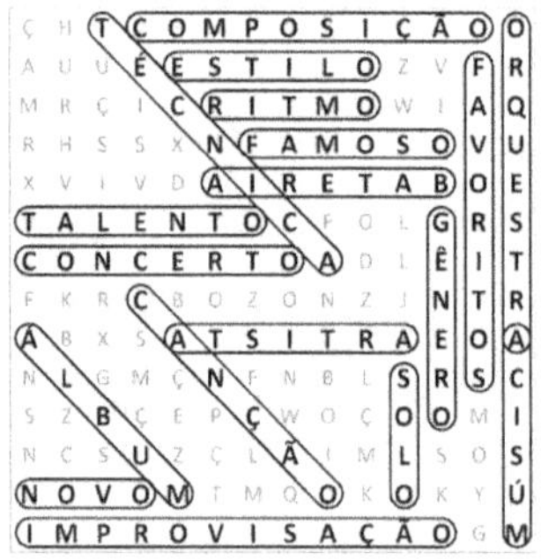

93 - Paysages

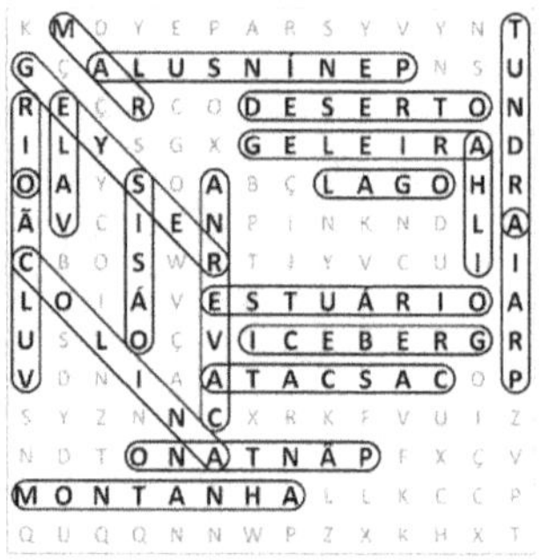

94 - Pays #1

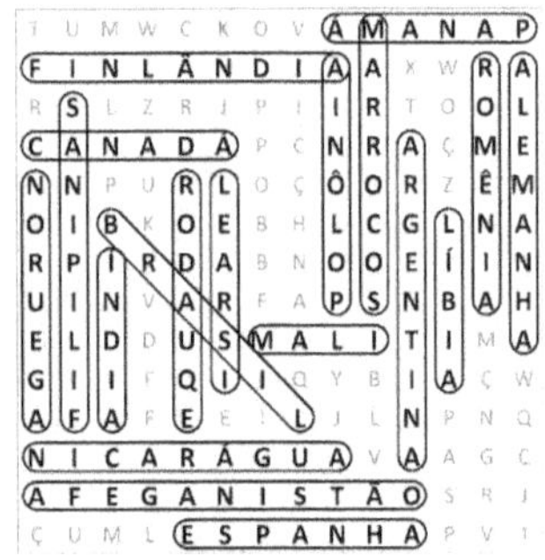

95 - Nombres

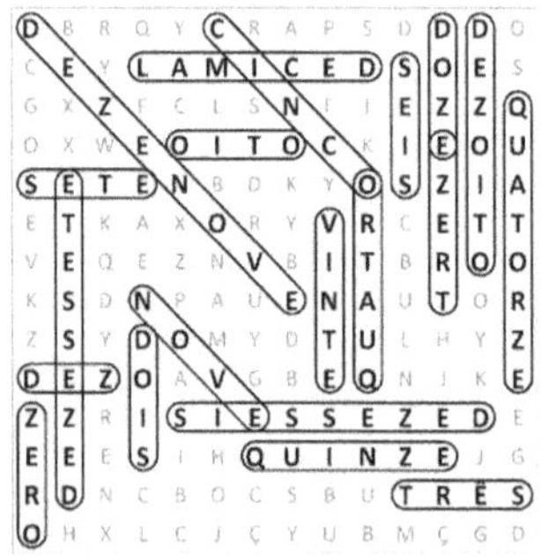

96 - Psychologie

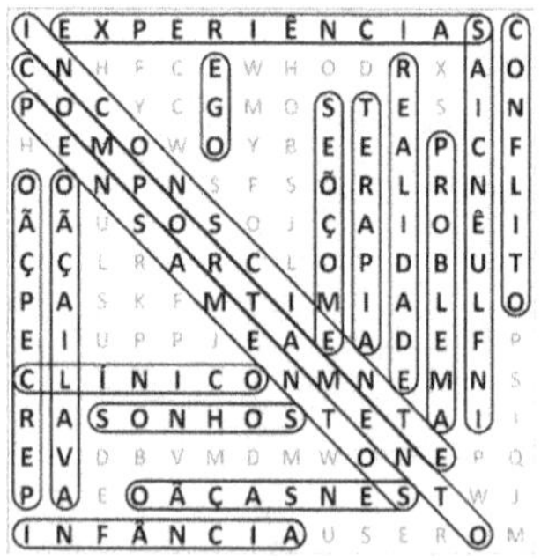

97 - Nature

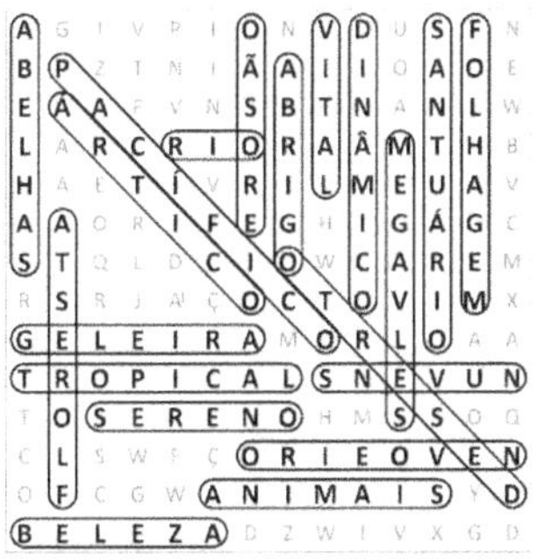

98 - Chimie

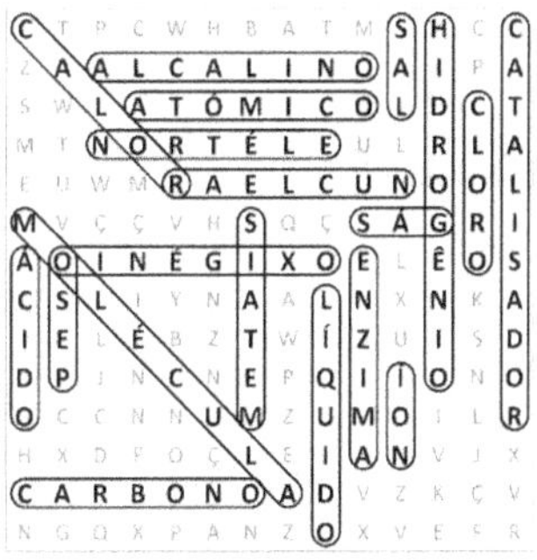

99 - Bateaux

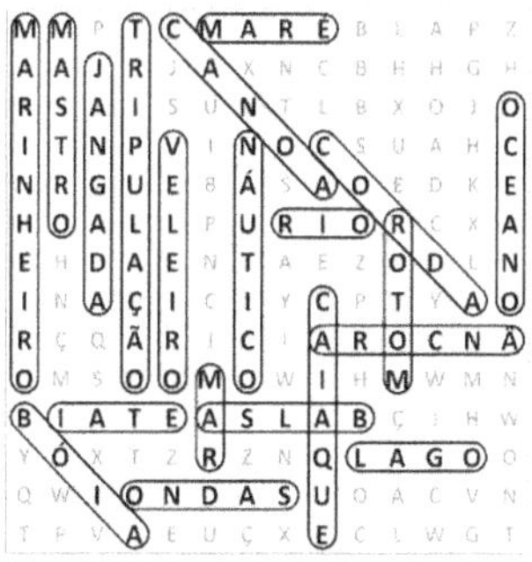

100 - Mesures

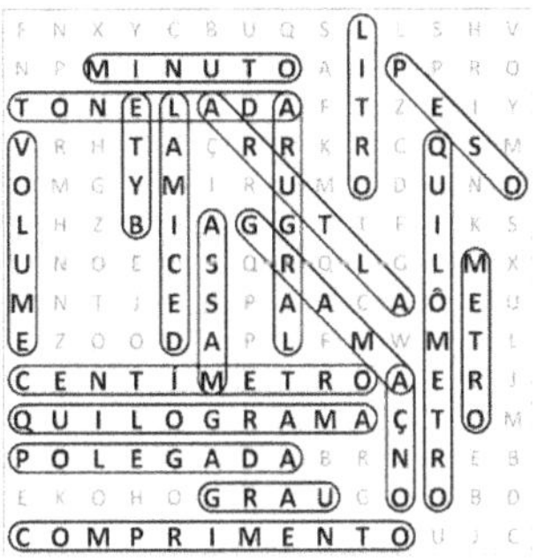

Dictionnaire

Activités et Loisirs
Atividades e Lazer

Art	Arte
Base-Ball	Beisebol
Basket-Ball	Basquete
Boxe	Boxe
Camping	Acampamento
Course	Corrida
Football	Futebol
Golf	Golfe
Jardinage	Jardinagem
Nager	Natação
Passe-Temps	Hobbies
Peinture	Pintura
Pêche	Pesca
Plongée	Mergulho
Randonnée	Caminhada
Relaxant	Relaxante
Surf	Surfe
Tennis	Tênis
Volley-Ball	Voleibol
Voyage	Viagem

Adjectifs #1
Adjetivos #1

Absolu	Absoluto
Actif	Ativo
Ambitieux	Ambicioso
Aromatique	Aromático
Artistique	Artístico
Attractif	Atraente
Beau	Bela
Exotique	Exótico
Énorme	Enorme
Généreux	Generoso
Honnête	Honesto
Identique	Idêntico
Important	Importante
Innocent	Inocente
Jeune	Jovem
Lent	Lento
Lourd	Pesado
Mince	Fino
Moderne	Moderno
Parfait	Perfeito

Adjectifs #2
Adjetivos #2

Authentique	Autêntico
Célèbre	Famoso
Créatif	Criativo
Descriptif	Descritivo
Doué	Dotado
Dramatique	Dramático
Élégant	Elegante
Fier	Orgulhoso
Fort	Forte
Intéressant	Interessante
Naturel	Natural
Nouveau	Novo
Productif	Produtivo
Puissant	Poderoso
Pur	Puro
Responsable	Responsável
Sain	Saudável
Salé	Salgado
Sauvage	Selvagem
Sec	Seco

Algèbre
Álgebra

Diagramme	Diagrama
Exposant	Expoente
Équation	Equação
Facteur	Fator
Faux	Falso
Formule	Fórmula
Fraction	Fração
Graphique	Gráfico
Infini	Infinito
Linéaire	Linear
Matrice	Matriz
Nombre	Número
Parenthèse	Parêntese
Problème	Problema
Quantité	Quantidade
Simplifier	Simplificar
Solution	Solução
Soustraction	Subtração
Variable	Variável
Zéro	Zero

Antarctique
Antártica

Baie	Baía
Baleines	Baleias
Chercheur	Investigador
Conservation	Conservação
Continent	Continente
Eau	Água
Environnement	Ambiente
Expédition	Expedição
Géographie	Geografia
Glace	Gelo
Glaciers	Geleiras
Îles	Ilhas
Migration	Migração
Minéraux	Minerais
Oiseaux	Pássaros
Péninsule	Península
Rocheux	Rochoso
Scientifique	Científico
Température	Temperatura
Topographie	Topografia

Antiquités
Antiguidades

Art	Arte
Authentique	Autêntico
Décennies	Décadas
Décoratif	Decorativo
Enchères	Leilão
Élégant	Elegante
Galerie	Galeria
Inhabituel	Incomum
Investissement	Investimento
Meubles	Mobiliário
Peintures	Pinturas
Pièces	Moedas
Prix	Preço
Qualité	Qualidade
Restauration	Restauração
Sculpture	Escultura
Siècle	Século
Style	Estilo
Valeur	Valor
Vieux	Velho

Archéologie
Arqueologia

Analyse	Análise
Antiquité	Antiguidade
Chercheur	Investigador
Civilisation	Civilização
Descendant	Descendente
Expert	Especialista
Ère	Era
Équipe	Equipe
Évaluation	Avaliação
Fossile	Fóssil
Inconnu	Desconhecido
Mystère	Mistério
Objets	Objetos
Os	Ossos
Oublié	Esquecido
Poterie	Cerâmica
Professeur	Professor
Relique	Relíquia
Temple	Templo
Tombe	Túmulo

Art
Arte

Céramique	Cerâmica
Complexe	Complexo
Composition	Composição
Créer	Criar
Dépeindre	Retratar
Expression	Expressão
Figure	Figura
Honnête	Honesto
Humeur	Humor
Inspiré	Inspirado
Original	Original
Peintures	Pinturas
Personnel	Pessoal
Poésie	Poesia
Sculpture	Escultura
Simple	Simples
Sujet	Sujeito
Surréalisme	Surrealismo
Symbole	Símbolo
Visuel	Visual

Arts Visuels
Artes Visuais

Architecture	Arquitetura
Argile	Argila
Artiste	Artista
Céramique	Cerâmica
Charbon	Carvão
Chef-D'Œuvre	Obra-Prima
Chevalet	Cavalete
Cire	Cera
Composition	Composição
Craie	Giz
Crayon	Lápis
Créativité	Criatividade
Film	Filme
Peinture	Pintura
Perspective	Perspectiva
Pochoir	Estêncil
Portrait	Retrato
Sculpture	Escultura
Stylo	Caneta
Vernis	Verniz

Astronomie
Astronomia

Astéroïde	Asteróide
Astronaute	Astronauta
Astronome	Astrônomo
Ciel	Céu
Constellation	Constelação
Cosmos	Cosmos
Éclipse	Eclipse
Équinoxe	Equinócio
Fusée	Foguete
Galaxie	Galáxia
Lune	Lua
Météore	Meteoro
Nébuleuse	Nebulosa
Observatoire	Observatório
Planète	Planeta
Radiation	Radiação
Solaire	Solar
Supernova	Supernova
Terre	Terra
Univers	Universo

Aventure
Aventura

Activité	Atividade
Beauté	Beleza
Bravoure	Bravura
Chance	Chance
Dangereux	Perigoso
Destination	Destino
Difficulté	Dificuldade
Enthousiasme	Entusiasmo
Excursion	Excursão
Inhabituel	Incomum
Itinéraire	Itinerário
Joie	Alegria
Nature	Natureza
Navigation	Navegação
Nouveau	Novo
Opportunité	Oportunidade
Préparation	Preparação
Sécurité	Segurança
Surprenant	Surpreendente
Voyages	Viagens

Avions
Aviões

Air	Ar
Altitude	Altitude
Atmosphère	Atmosfera
Atterrissage	Aterrissagem
Aventure	Aventura
Ballon	Balão
Carburant	Combustível
Ciel	Céu
Construction	Construção
Descente	Descida
Direction	Direção
Équipage	Tripulação
Gonfler	Inflar
Hauteur	Altura
Histoire	História
Hydrogène	Hidrogênio
Moteur	Motor
Passager	Passageiro
Pilote	Piloto
Turbulence	Turbulência

Ballet
Balé

Applaudissement	Aplauso
Artistique	Artístico
Ballerine	Bailarina
Chorégraphie	Coreografia
Compétence	Habilidade
Compositeur	Compositor
Danseurs	Dançarinos
Expressif	Expressivo
Geste	Gesto
Gracieux	Gracioso
Intensité	Intensidade
Muscles	Músculos
Musique	Música
Orchestre	Orquestra
Public	Público
Répétition	Ensaio
Rythme	Ritmo
Solo	Solo
Style	Estilo
Technique	Técnica

Barbecues
Churrascos

Chaud	Quente
Couteaux	Facas
Déjeuner	Almoço
Dîner	Jantar
Enfants	Crianças
Été	Verão
Faim	Fome
Famille	Família
Fruit	Fruta
Gril	Grelha
Jeux	Jogos
Légumes	Legumes
Musique	Música
Oignons	Cebolas
Poivre	Pimenta
Poulet	Frango
Salades	Saladas
Sauce	Molho
Sel	Sal
Tomates	Tomates

Bateaux
Barcos

Ancre	Âncora
Bouée	Bóia
Canoë	Canoa
Corde	Corda
Équipage	Tripulação
Ferry	Balsa
Fleuve	Rio
Kayak	Caiaque
Lac	Lago
Marée	Maré
Marin	Marinheiro
Mât	Mastro
Mer	Mar
Moteur	Motor
Nautique	Náutico
Océan	Oceano
Radeau	Jangada
Vagues	Ondas
Voilier	Veleiro
Yacht	Iate

Bâtiments
Edifícios

Ambassade	Embaixada
Appartement	Apartamento
Cabine	Cabine
Château	Castelo
Cinéma	Cinema
École	Escola
Garage	Garagem
Grange	Celeiro
Hôpital	Hospital
Hôtel	Hotel
Laboratoire	Laboratório
Musée	Museu
Observatoire	Observatório
Stade	Estádio
Supermarché	Supermercado
Tente	Tenda
Théâtre	Teatro
Tour	Torre
Université	Universidade
Usine	Fábrica

Beauté
Beleza

Boucles	Cachos
Charme	Charme
Ciseaux	Tesoura
Cosmétique	Cosméticos
Couleur	Cor
Élégance	Elegância
Élégant	Elegante
Grâce	Graça
Huiles	Óleos
Lisse	Suave
Maquillage	Maquiagem
Mascara	Rímel
Miroir	Espelho
Parfum	Fragrância
Peau	Pele
Photogénique	Fotogênico
Rouge à Lèvres	Batom
Services	Serviços
Shampooing	Xampu
Styliste	Estilista

Café
Café

Amer	Amargo
Arôme	Aroma
Boisson	Bebida
Caféine	Cafeína
Crème	Creme
Eau	Água
Filtre	Filtro
Lait	Leite
Liquide	Líquido
Matin	Manhã
Moudre	Moer
Noir	Preto
Origine	Origem
Prix	Preço
Rôti	Assado
Saveur	Sabor
Sucre	Açúcar
Tasse	Copa
Variété	Variedade

Camping
Acampamento

Animaux	Animais
Aventure	Aventura
Boussole	Bússola
Cabine	Cabine
Canoë	Canoa
Carte	Mapa
Chapeau	Chapéu
Chasse	Caça
Corde	Corda
Équipement	Equipamento
Feu	Fogo
Forêt	Floresta
Hamac	Maca
Insecte	Inseto
Lac	Lago
Lanterne	Lanterna
Lune	Lua
Montagne	Montanha
Nature	Natureza
Tente	Tenda

Chimie
Química

Acide	Ácido
Alcalin	Alcalino
Atomique	Atómico
Carbone	Carbono
Catalyseur	Catalisador
Chaleur	Calor
Chlore	Cloro
Enzyme	Enzima
Électron	Elétron
Gaz	Gás
Hydrogène	Hidrogênio
Ion	Íon
Liquide	Líquido
Métaux	Metais
Molécule	Molécula
Nucléaire	Nuclear
Oxygène	Oxigénio
Poids	Peso
Sel	Sal
Température	Temperatura

Chocolat
Chocolate

Amer	Amargo
Antioxydant	Antioxidante
Arôme	Aroma
Artisanal	Artesanal
Cacahuètes	Amendoins
Cacao	Cacau
Calories	Calorias
Caramel	Caramelo
Délicieux	Delicioso
Doux	Doce
Exotique	Exótico
Favori	Favorito
Goût	Gosto
Ingrédient	Ingrediente
Noix de Coco	Coco
Poudre	Pó
Qualité	Qualidade
Recette	Receita
Saveur	Sabor
Sucre	Açúcar

Cirque
Circo

Acrobate	Acrobata
Animaux	Animais
Ballons	Balões
Billet	Bilhete
Bonbon	Doce
Clown	Palhaço
Costume	Traje
Divertir	Entreter
Éléphant	Elefante
Jongleur	Malabarista
Lion	Leão
Magicien	Mágico
Magie	Magia
Musique	Música
Parade	Desfile
Singe	Macaco
Spectaculaire	Espetacular
Spectateur	Espectador
Tente	Tenda
Tigre	Tigre

Conduite
Dirigindo

Accident	Acidente
Camion	Caminhão
Carburant	Combustível
Carte	Mapa
Danger	Perigo
Freins	Freios
Garage	Garagem
Gaz	Gás
Licence	Licença
Moteur	Motor
Moto	Motocicleta
Piéton	Pedestre
Police	Polícia
Route	Estrada
Sécurité	Segurança
Trafic	Tráfego
Transport	Transporte
Tunnel	Túnel
Vitesse	Rapidez
Voiture	Carro

Corps Humain
Corpo Humano

Bouche	Boca
Cerveau	Cérebro
Cheville	Tornozelo
Cou	Pescoço
Coude	Cotovelo
Cœur	Coração
Doigt	Dedo
Estomac	Estômago
Épaule	Ombro
Genou	Joelho
Lèvres	Lábios
Main	Mão
Mâchoire	Mandíbula
Menton	Queixo
Nez	Nariz
Oreille	Orelha
Peau	Pele
Sang	Sangue
Tête	Cabeça
Visage	Rosto

Créativité
Criatividade

Artistique	Artístico
Authenticité	Autenticidade
Clarté	Clareza
Compétence	Habilidade
Dramatique	Dramático
Expression	Expressão
Émotions	Emoções
Fluidité	Fluidez
Image	Imagem
Imagination	Imaginação
Impression	Impressão
Inspiration	Inspiração
Intensité	Intensidade
Intuition	Intuição
Inventif	Inventivo
Sensation	Sensação
Sentiments	Sentimentos
Spontané	Espontânea
Visions	Visões
Vitalité	Vitalidade

Cuisine
Cozinha

Baguettes	Pauzinhos
Bol	Tigela
Bouilloire	Chaleira
Congélateur	Freezer
Couteaux	Facas
Cruche	Jarro
Cuillères	Colheres
Épices	Especiarias
Éponge	Esponja
Four	Forno
Fourchettes	Garfos
Gril	Grelha
Louche	Concha
Pot	Jar
Recette	Receita
Réfrigérateur	Geladeira
Serviette	Guardanapo
Tablier	Avental
Tasses	Cups

Danse
Dança

Académie	Academia
Art	Arte
Chorégraphie	Coreografia
Classique	Clássico
Corps	Corpo
Culture	Cultura
Culturel	Cultural
Expressif	Expressivo
Émotion	Emoção
Grâce	Graça
Joyeux	Alegre
Mouvement	Movimento
Musique	Música
Partenaire	Parceiro
Posture	Postura
Répétition	Ensaio
Rythme	Ritmo
Saut	Saltar
Traditionnel	Tradicional
Visuel	Visual

Diplomatie
Diplomacia

Ambassade	Embaixada
Ambassadeur	Embaixador
Citoyens	Cidadãos
Communauté	Comunidade
Conflit	Conflito
Conseiller	Consultor
Coopération	Cooperação
Diplomatique	Diplomático
Discussion	Discussão
Éthique	Ética
Étranger	Estrangeiro
Gouvernement	Governo
Humanitaire	Humanitário
Intégrité	Integridade
Justice	Justiça
Politique	Política
Résolution	Resolução
Sécurité	Segurança
Solution	Solução
Traité	Tratado

Disciplines Scientifiques
Disciplinas Científicas

Anatomie	Anatomia
Archéologie	Arqueologia
Astronomie	Astronomia
Biochimie	Bioquímica
Biologie	Biologia
Botanique	Botânica
Chimie	Química
Écologie	Ecologia
Géologie	Geologia
Immunologie	Imunologia
Linguistique	Linguística
Mécanique	Mecânica
Météorologie	Meteorologia
Minéralogie	Mineralogia
Neurologie	Neurologia
Physiologie	Fisiologia
Psychologie	Psicologia
Sociologie	Sociologia
Thermodynamique	Termodinâmica
Zoologie	Zoologia

Entreprise
Negócios

Argent	Dinheiro
Boutique	Loja
Budget	Orçamento
Bureau	Escritório
Carrière	Carreira
Coût	Custo
Devise	Moeda
Employeur	Empregador
Employé	Empregado
Entreprise	Empresa
Économie	Economia
Finance	Finança
Impôts	Impostos
Investissement	Investimento
Marchandise	Mercadoria
Profit	Lucro
Revenu	Rendimento
Transaction	Transação
Usine	Fábrica
Vente	Venda

Exploration
Exploração

Activité	Atividade
Animaux	Animais
Apprendre	Aprender
Courage	Coragem
Cultures	Culturas
Dangers	Perigos
Découverte	Descoberta
Détermination	Determinação
Espace	Espaço
Excitation	Excitação
Épuisement	Exaustão
Inconnu	Desconhecido
Langue	Língua
Lointain	Distante
Nouveau	Novo
Quête	Busca
Sauvage	Selvagem
Terrain	Terreno
Voyage	Viagem

Échecs
Xadrez

Adversaire	Oponente
Apprendre	Aprender
Blanc	Branco
Champion	Campeão
Concours	Concurso
Défis	Desafios
Diagonal	Diagonal
Jeu	Jogo
Joueur	Jogador
Noir	Preto
Passif	Passivo
Points	Pontos
Reine	Rainha
Règles	Regras
Roi	Rei
Sacrifice	Sacrifício
Stratégie	Estratégia
Temps	Tempo
Tournoi	Torneio

Écologie
Ecologia

Bénévoles	Voluntários
Climat	Clima
Communautés	Comunidades
Diversité	Diversidade
Durable	Sustentável
Espèce	Espécies
Faune	Fauna
Flore	Flora
Habitat	Habitat
Marais	Pântano
Marin	Marinho
Montagnes	Montanhas
Nature	Natureza
Naturel	Natural
Plantes	Plantas
Ressources	Recursos
Sécheresse	Seca
Survie	Sobrevivência
Variété	Variedade
Végétation	Vegetação

Énergie
Energia

Batterie	Bateria
Carbone	Carbono
Carburant	Combustível
Chaleur	Calor
Diesel	Diesel
Entropie	Entropia
Environnement	Ambiente
Essence	Gasolina
Électrique	Elétrico
Électron	Elétron
Hydrogène	Hidrogênio
Industrie	Indústria
Moteur	Motor
Nucléaire	Nuclear
Photon	Fóton
Pollution	Poluição
Renouvelable	Renovável
Soleil	Sol
Turbine	Turbina
Vent	Vento

Épices
Especiarias

Aigre	Azedo
Ail	Alho
Amer	Amargo
Anis	Anis
Cannelle	Canela
Cardamome	Cardamomo
Coriandre	Coentro
Cumin	Cominho
Curry	Caril
Fenouil	Funcho
Gingembre	Gengibre
Muscade	Noz-Moscada
Oignon	Cebola
Paprika	Páprica
Poivre	Pimenta
Réglisse	Alcaçuz
Safran	Açafrão
Saveur	Sabor
Sel	Sal
Vanille	Baunilha

Éthique
Ética

Altruisme	Altruísmo
Bienveillant	Benevolente
Compassion	Compaixão
Coopération	Cooperação
Dignité	Dignidade
Diplomatique	Diplomático
Gentillesse	Bondade
Honnêteté	Honestidade
Humanité	Humanidade
Intégrité	Integridade
Optimisme	Otimismo
Patience	Paciência
Philosophie	Filosofia
Raisonnable	Razoável
Rationalité	Racionalidade
Respectueux	Respeitoso
Réalisme	Realismo
Sagesse	Sabedoria
Tolérance	Tolerância
Valeurs	Valores

Famille
Família

Ancêtre	Antepassado
Cousin	Primo
Enfance	Infância
Enfant	Criança
Enfants	Crianças
Femme	Esposa
Fille	Filha
Frère	Irmão
Grand-Mère	Avó
Grand-Père	Avô
Mari	Marido
Maternel	Materno
Mère	Mãe
Neveu	Sobrinho
Nièce	Sobrinha
Oncle	Tio
Paternel	Paterno
Père	Pai
Soeur	Irmã
Tante	Tia

Ferme #1
Fazenda #1

Abeille	Abelha
Agriculture	Agricultura
Âne	Burro
Bison	Bisão
Champ	Campo
Chat	Gato
Cheval	Cavalo
Chèvre	Cabra
Chien	Cão
Clôture	Cerca
Corbeau	Corvo
Eau	Água
Engrais	Fertilizante
Foin	Feno
Miel	Mel
Poulet	Frango
Riz	Arroz
Troupeau	Rebanho
Vache	Vaca
Veau	Bezerro

Ferme #2
Fazenda #2

Agneau	Cordeiro
Agriculteur	Agricultor
Animaux	Animais
Berger	Pastor
Blé	Trigo
Canard	Pato
Fruit	Fruta
Grange	Celeiro
Irrigation	Irrigação
Lait	Leite
Lama	Lhama
Légume	Vegetal
Maïs	Milho
Mouton	Ovelha
Mûr	Maduro
Orge	Cevada
Pré	Prado
Ruche	Colmeia
Tracteur	Trator
Verger	Pomar

Fleurs
Flores

Bouquet	Buquê
Gardénia	Gardênia
Hibiscus	Hibisco
Jasmin	Jasmim
Jonquille	Narciso
Lavande	Lavanda
Lilas	Lilás
Lys	Lírio
Magnolia	Magnólia
Marguerite	Margarida
Orchidée	Orquídea
Pavot	Papoula
Pétale	Pétala
Pissenlit	Dente-De-Leão
Pivoine	Peônia
Plumeria	Plumeria
Rose	Rosa
Tournesol	Girassol
Trèfle	Trevo
Tulipe	Tulipa

Force et Gravité
Força e Gravidade

Axe	Eixo
Centre	Centro
Découverte	Descoberta
Distance	Distância
Dynamique	Dinâmico
Expansion	Expansão
Friction	Atrito
Impact	Impacto
Magnétisme	Magnetismo
Mécanique	Mecânica
Mouvement	Movimento
Orbite	Órbita
Physique	Física
Planètes	Planetas
Poids	Peso
Pression	Pressão
Propriétés	Propriedades
Temps	Tempo
Universel	Universal
Vitesse	Rapidez

Forêt Tropicale
Floresta Tropical

Amphibiens	Anfíbios
Botanique	Botânico
Climat	Clima
Communauté	Comunidade
Diversité	Diversidade
Espèce	Espécies
Indigène	Indígena
Insectes	Insetos
Jungle	Selva
Mammifères	Mamíferos
Mousse	Musgo
Nature	Natureza
Nuage	Nuvens
Oiseaux	Pássaros
Précieux	Valioso
Préservation	Preservação
Refuge	Refúgio
Respect	Respeito
Restauration	Restauração
Survie	Sobrevivência

Fournitures d'Art
Material de Arte

Acrylique	Acrílico
Aquarelles	Aquarelas
Argile	Argila
Brosses	Escovas
Caméra	Câmera
Chaise	Cadeira
Charbon	Carvão
Chevalet	Cavalete
Colle	Cola
Couleurs	Cores
Crayons	Lápis
Créativité	Criatividade
Eau	Água
Encre	Tinta
Gomme	Apagador
Huile	Óleo
Papier	Papel
Pastels	Pastels
Peinture	Tintas
Table	Mesa

Fruit
Frutas

Abricot	Damasco
Ananas	Abacaxi
Avocat	Abacate
Baie	Baga
Banane	Banana
Cerise	Cereja
Citron	Limão
Figue	Figo
Framboise	Framboesa
Goyave	Goiaba
Kiwi	Kiwi
Mangue	Manga
Melon	Melão
Nectarine	Nectarina
Orange	Laranja
Papaye	Mamão
Pêche	Pêssego
Poire	Pera
Pomme	Maçã
Raisin	Uva

Géographie
Geografia

Altitude	Altitude
Atlas	Atlas
Carte	Mapa
Continent	Continente
Fleuve	Rio
Hémisphère	Hemisfério
Île	Ilha
Latitude	Latitude
Mer	Mar
Méridien	Meridiano
Monde	Mundo
Montagne	Montanha
Nord	Norte
Océan	Oceano
Ouest	Oeste
Pays	País
Région	Região
Sud	Sul
Territoire	Território
Ville	Cidade

Géologie
Geologia

Acide	Ácido
Calcium	Cálcio
Caverne	Caverna
Continent	Continente
Corail	Coral
Couche	Camada
Cristaux	Cristais
Érosion	Erosão
Fondu	Fundido
Fossile	Fóssil
Geyser	Geyser
Lave	Lava
Minéraux	Minerais
Pierre	Pedra
Plateau	Platô
Quartz	Quartzo
Sel	Sal
Stalactite	Estalactite
Volcan	Vulcão
Zone	Zona

Géométrie
Geometria

Angle	Ângulo
Calcul	Cálculo
Cercle	Círculo
Courbe	Curva
Diamètre	Diâmetro
Dimension	Dimensão
Équation	Equação
Hauteur	Altura
Logique	Lógica
Masse	Massa
Médian	Mediana
Nombre	Número
Parallèle	Paralelo
Proportion	Proporção
Segment	Segmento
Surface	Superfície
Symétrie	Simetria
Théorie	Teoria
Triangle	Triângulo
Vertical	Vertical

Gouvernement
Governo

Citoyenneté	Cidadania
Civil	Civil
Constitution	Constituição
Démocratie	Democracia
Discours	Discurso
Discussion	Discussão
Droits	Direitos
Égalité	Igualdade
État	Estado
Indépendance	Independência
Judiciaire	Judicial
Justice	Justiça
Liberté	Liberdade
Loi	Lei
Monument	Monumento
Nation	Nação
National	Nacional
Paisible	Pacífico
Politique	Política
Symbole	Símbolo

Herboristerie
Herbalismo

Ail	Alho
Aromatique	Aromático
Basilic	Manjericão
Bénéfique	Benéfico
Culinaire	Culinário
Estragon	Estragão
Fenouil	Funcho
Fleur	Flor
Ingrédient	Ingrediente
Jardin	Jardim
Lavande	Lavanda
Marjolaine	Manjerona
Menthe	Menta
Persil	Salsa
Qualité	Qualidade
Romarin	Alecrim
Safran	Açafrão
Saveur	Sabor
Thym	Tomilho
Vert	Verde

Ingénierie
Engenharia

Angle	Ângulo
Axe	Eixo
Calcul	Cálculo
Construction	Construção
Diagramme	Diagrama
Diamètre	Diâmetro
Diesel	Diesel
Distribution	Distribuição
Engrenages	Engrenagens
Énergie	Energia
Force	Força
Liquide	Líquido
Machine	Máquina
Mesure	Medição
Moteur	Motor
Profondeur	Profundidade
Propulsion	Propulsão
Rotation	Rotação
Stabilité	Estabilidade
Structure	Estrutura

Instruments de Musique
Instrumentos Musicais

Banjo	Banjo
Basson	Fagote
Clarinette	Clarinete
Flûte	Flauta
Gong	Gongo
Guitare	Violão
Harmonica	Gaita
Harpe	Harpa
Hautbois	Oboé
Mandoline	Bandolim
Marimba	Marimba
Percussion	Percussão
Piano	Piano
Saxophone	Saxofone
Tambour	Tambor
Tambourin	Pandeiro
Trombone	Trombone
Trompette	Trompete
Violon	Violino
Violoncelle	Violoncelo

Jardin
Jardim

Arbre	Árvore
Banc	Banco
Buisson	Arbusto
Clôture	Cerca
Étang	Lagoa
Fleur	Flor
Garage	Garagem
Hamac	Maca
Herbe	Grama
Jardin	Jardim
Pelle	Pá
Pelouse	Gramado
Porche	Varanda
Râteau	Ancinho
Sol	Solo
Terrasse	Terraço
Trampoline	Trampolim
Tuyau	Mangueira
Verger	Pomar
Vigne	Videira

Jardinage
Jardinagem

Botanique	Botânico
Bouquet	Buquê
Climat	Clima
Comestible	Comestível
Compost	Composto
Eau	Água
Espèce	Espécies
Exotique	Exótico
Feuillage	Folhagem
Feuille	Folha
Fleur	Flor
Floral	Floral
Graines	Sementes
Humidité	Umidade
Récipient	Recipiente
Saisonnier	Sazonal
Saleté	Sujeira
Sol	Solo
Tuyau	Mangueira
Verger	Pomar

Jazz
Jazz

Album	Álbum
Artiste	Artista
Célèbre	Famoso
Chanson	Canção
Compositeur	Compositor
Composition	Composição
Concert	Concerto
Favoris	Favoritos
Genre	Gênero
Improvisation	Improvisação
Musique	Música
Nouveau	Novo
Orchestre	Orquestra
Rythme	Ritmo
Solo	Solo
Style	Estilo
Talent	Talento
Tambours	Bateria
Technique	Técnica
Vieux	Velho

Jours et Mois
Dias e Meses

Août	Agosto
Avril	Abril
Calendrier	Calendário
Dimanche	Domingo
Février	Fevereiro
Janvier	Janeiro
Jeudi	Quinta-Feira
Juillet	Julho
Juin	Junho
Lundi	Segunda-Feira
Mardi	Terça
Mars	Março
Mercredi	Quarta-Feira
Mois	Mês
Novembre	Novembro
Octobre	Outubro
Samedi	Sábado
Semaine	Semana
Septembre	Setembro
Vendredi	Sexta-Feira

L'Entreprise
A Empresa

Affaires	Negócio
Créatif	Criativo
Décision	Decisão
Emploi	Emprego
Global	Global
Industrie	Indústria
Innovant	Inovador
Investissement	Investimento
Possibilité	Possibilidade
Présentation	Apresentação
Produit	Produto
Professionnel	Profissional
Progrès	Progresso
Qualité	Qualidade
Ressources	Recursos
Revenu	Receita
Réputation	Reputação
Risques	Riscos
Tendances	Tendências
Unités	Unidades

Les Abeilles
Abelhas

Ailes	Asas
Bénéfique	Benéfico
Cire	Cera
Diversité	Diversidade
Essaim	Enxame
Écosystème	Ecossistema
Fleur	Flor
Fleurs	Flores
Fruit	Fruta
Fumée	Fumaça
Habitat	Habitat
Insecte	Inseto
Jardin	Jardim
Miel	Mel
Plantes	Plantas
Pollen	Pólen
Reine	Rainha
Ruche	Colmeia
Soleil	Sol

Les Médias
A Mídia

Attitudes	Atitudes
Commercial	Comercial
Communication	Comunicação
En Ligne	Online
Édition	Edição
Éducation	Educação
Faits	Fatos
Images	Imagens
Individuel	Individual
Industrie	Indústria
Intellectuel	Intelectual
Journaux	Jornais
Local	Local
Numérique	Digital
Opinion	Opinião
Photos	Fotos
Public	Público
Radio	Rádio
Réseau	Rede
Télévision	Televisão

Légumes
Vegetais

Ail	Alho
Artichaut	Alcachofra
Aubergine	Beringela
Brocoli	Brócolis
Carotte	Cenoura
Céleri	Aipo
Champignon	Cogumelo
Citrouille	Abóbora
Concombre	Pepino
Échalote	Chalota
Épinard	Espinafre
Gingembre	Gengibre
Navet	Nabo
Oignon	Cebola
Olive	Oliva
Persil	Salsa
Pois	Ervilha
Radis	Rabanete
Salade	Salada
Tomate	Tomate

Littérature
Literatura

Analogie	Analogia
Analyse	Análise
Anecdote	Anedota
Auteur	Autor
Biographie	Biografia
Comparaison	Comparação
Conclusion	Conclusão
Description	Descrição
Dialogue	Diálogo
Fiction	Ficção
Métaphore	Metáfora
Narrateur	Narrador
Poème	Poema
Poétique	Poético
Rime	Rima
Roman	Romance
Rythme	Ritmo
Style	Estilo
Thème	Tema
Tragédie	Tragédia

Livres
Livros

Auteur	Autor
Aventure	Aventura
Collection	Coleção
Contexte	Contexto
Dualité	Dualidade
Épique	Épico
Histoire	História
Historique	Histórico
Humoristique	Humorado
Inventif	Inventivo
Lecteur	Leitor
Littéraire	Literário
Narrateur	Narrador
Page	Página
Pertinent	Relevante
Poème	Poema
Poésie	Poesia
Roman	Romance
Série	Série
Tragique	Trágico

Maison
Casa

Balai	Vassoura
Bibliothèque	Biblioteca
Chambre	Quarto
Cheminée	Lareira
Clés	Chaves
Clôture	Cerca
Cuisine	Cozinha
Douche	Chuveiro
Fenêtre	Janela
Garage	Garagem
Grenier	Sótão
Jardin	Jardim
Miroir	Espelho
Mur	Parede
Plafond	Teto
Porte	Porta
Rideaux	Cortinas
Sous-Sol	Porão
Tapis	Tapete
Toit	Telhado

Mammifères
Mamíferos

Baleine	Baleia
Chat	Gato
Cheval	Cavalo
Chien	Cão
Coyote	Coiote
Dauphin	Golfinho
Éléphant	Elefante
Girafe	Girafa
Gorille	Gorila
Kangourou	Canguru
Lapin	Coelho
Lion	Leão
Loup	Lobo
Mouton	Ovelha
Ours	Urso
Renard	Raposa
Singe	Macaco
Taureau	Touro
Tigre	Tigre
Zèbre	Zebra

Mathématiques
Matemática

Angles	Ângulos
Arithmétique	Aritmética
Carré	Quadrado
Décimal	Decimal
Diamètre	Diâmetro
Exposant	Expoente
Équation	Equação
Fraction	Fração
Géométrie	Geometria
Parallèle	Paralelo
Parallélogramme	Paralelogramo
Perpendiculaire	Perpendicular
Périmètre	Perímetro
Polygone	Polígono
Rayon	Raio
Rectangle	Retângulo
Somme	Soma
Symétrie	Simetria
Triangle	Triângulo
Volume	Volume

Mesures
Medições

Centimètre	Centímetro
Degré	Grau
Décimal	Decimal
Gramme	Grama
Hauteur	Altura
Kilogramme	Quilograma
Kilomètre	Quilômetro
Largeur	Largura
Litre	Litro
Longueur	Comprimento
Masse	Massa
Mètre	Metro
Minute	Minuto
Octet	Byte
Once	Onça
Poids	Peso
Pouce	Polegada
Profondeur	Profundidade
Tonne	Tonelada
Volume	Volume

Méditation
Meditação

Acceptation	Aceitação
Attention	Atenção
Calme	Calmo
Clarté	Clareza
Compassion	Compaixão
Émotions	Emoções
Éveillé	Acordado
Gentillesse	Bondade
Gratitude	Gratidão
Habitudes	Hábitos
Mental	Mental
Mouvement	Movimento
Musique	Música
Nature	Natureza
Observation	Observação
Paix	Paz
Perspective	Perspectiva
Posture	Postura
Respiration	Respirando
Silence	Silêncio

Météo
Clima

Arc-En-Ciel	Arco-Íris
Atmosphère	Atmosfera
Brise	Brisa
Brouillard	Nevoeiro
Calme	Calmo
Ciel	Céu
Climat	Clima
Glace	Gelo
Mousson	Monção
Nuage	Nuvem
Ouragan	Furacão
Polaire	Polar
Sec	Seco
Sécheresse	Seca
Température	Temperatura
Tempête	Tempestade
Tonnerre	Trovão
Tornade	Tornado
Tropical	Tropical
Vent	Vento

Mode
Moda

Abordable	Acessível
Boutique	Boutique
Boutons	Botões
Broderie	Bordado
Cher	Caro
Confortable	Confortável
Dentelle	Renda
Élégant	Elegante
Mesures	Medidas
Minimaliste	Minimalista
Moderne	Moderno
Modeste	Modesto
Original	Original
Pratique	Prático
Simple	Simples
Style	Estilo
Tendance	Tendência
Texture	Textura
Tissu	Tecido
Vêtements	Roupa

Musique
Música

Album	Álbum
Ballade	Balada
Chanter	Cantar
Chanteur	Cantor
Classique	Clássico
Enregistrement	Gravação
Harmonie	Harmonia
Harmonique	Harmônico
Instrument	Instrumento
Lyrique	Lírico
Mélodie	Melodia
Microphone	Microfone
Musical	Musical
Musicien	Músico
Opéra	Ópera
Poétique	Poético
Rythme	Ritmo
Rythmique	Rítmico
Tempo	Tempo
Vocal	Vocal

Mythologie
Mitologia

Archétype	Arquétipo
Catastrophe	Desastre
Comportement	Comportamento
Création	Criação
Créature	Criatura
Croyances	Crenças
Culture	Cultura
Éclair	Relâmpago
Force	Força
Guerrier	Guerreiro
Héros	Herói
Immortalité	Imortalidade
Jalousie	Ciúmes
Labyrinthe	Labirinto
Légende	Lenda
Magique	Mágico
Monstre	Monstro
Mortel	Mortal
Tonnerre	Trovão
Vengeance	Vingança

Nature
Natureza

Abeilles	Abelhas
Abri	Abrigo
Animaux	Animais
Arctique	Ártico
Beauté	Beleza
Brouillard	Nevoeiro
Désert	Deserto
Dynamique	Dinâmico
Érosion	Erosão
Feuillage	Folhagem
Fleuve	Rio
Forêt	Floresta
Glacier	Geleira
Nuage	Nuvens
Paisible	Pacífico
Sanctuaire	Santuário
Sauvage	Selvagem
Serein	Sereno
Tropical	Tropical
Vital	Vital

Nombres
Números

Cinq	Cinco
Deux	Dois
Décimal	Decimal
Dix	Dez
Dix-Huit	Dezoito
Dix-Neuf	Dezenove
Dix-Sept	Dezessete
Douze	Doze
Huit	Oito
Neuf	Nove
Quatorze	Quatorze
Quatre	Quatro
Quinze	Quinze
Seize	Dezesseis
Sept	Sete
Six	Seis
Treize	Treze
Trois	Três
Vingt	Vinte
Zéro	Zero

Nourriture #1
Comida #1

Ail	Alho
Basilic	Manjericão
Café	Café
Cannelle	Canela
Carotte	Cenoura
Citron	Limão
Épinard	Espinafre
Fraise	Morango
Jus	Suco
Lait	Leite
Navet	Nabo
Oignon	Cebola
Orge	Cevada
Poire	Pera
Salade	Salada
Sel	Sal
Soupe	Sopa
Sucre	Açúcar
Thon	Atum
Viande	Carne

Nourriture #2
Comida # 2

Amande	Amêndoa
Aubergine	Beringela
Banane	Banana
Blé	Trigo
Brocoli	Brócolis
Cerise	Cereja
Céleri	Aipo
Champignon	Cogumelo
Chocolat	Chocolate
Jambon	Presunto
Kiwi	Kiwi
Mangue	Manga
Oeuf	Ovo
Pain	Pão
Poisson	Peixe
Pomme	Maçã
Poulet	Frango
Raisin	Uva
Riz	Arroz
Tomate	Tomate

Nutrition
Nutrição

Amer	Amargo
Appétit	Apetite
Calories	Calorias
Comestible	Comestível
Diète	Dieta
Digestion	Digestão
Épices	Especiarias
Équilibré	Equilibrado
Fermentation	Fermentação
Glucides	Carboidratos
Liquides	Líquidos
Poids	Peso
Protéines	Proteínas
Qualité	Qualidade
Sain	Saudável
Santé	Saúde
Sauce	Molho
Saveur	Sabor
Toxine	Toxina
Vitamine	Vitamina

Océan
Oceano

Algue	Alga
Anguille	Enguia
Baleine	Baleia
Bateau	Barco
Corail	Coral
Crabe	Caranguejo
Crevette	Camarão
Dauphin	Golfinho
Éponge	Esponja
Huître	Ostra
Méduse	Medusa
Poisson	Peixe
Poulpe	Polvo
Requin	Tubarão
Récif	Recife
Sel	Sal
Tempête	Tempestade
Thon	Atum
Tortue	Tartaruga
Vagues	Ondas

Oiseaux
Pássaros

Aigle	Águia
Autruche	Avestruz
Canard	Pato
Cigogne	Cegonha
Colombe	Pomba
Corbeau	Corvo
Coucou	Cuco
Cygne	Cisne
Héron	Garça
Manchot	Pinguim
Moineau	Pardal
Mouette	Gaivota
Oeuf	Ovo
Oie	Ganso
Paon	Pavão
Perroquet	Papagaio
Pélican	Pelicano
Pigeon	Pombo
Poulet	Frango
Toucan	Tucano

Pays #1
Países #1

Afghanistan	Afeganistão
Allemagne	Alemanha
Argentine	Argentina
Brésil	Brasil
Canada	Canadá
Espagne	Espanha
Équateur	Equador
Finlande	Finlândia
Inde	Índia
Israël	Israel
Libye	Líbia
Mali	Mali
Maroc	Marrocos
Nicaragua	Nicarágua
Norvège	Noruega
Panama	Panamá
Philippines	Filipinas
Pologne	Polônia
Roumanie	Romênia
Venezuela	Venezuela

Pays #2
Países #2

Albanie	Albânia
Chine	China
Danemark	Dinamarca
France	França
Haïti	Haiti
Indonésie	Indonésia
Irlande	Irlanda
Jamaïque	Jamaica
Japon	Japão
Kenya	Quênia
Laos	Laos
Liban	Líbano
Mexique	México
Ouganda	Uganda
Pakistan	Paquistão
Russie	Rússia
Somalie	Somália
Soudan	Sudão
Syrie	Síria
Ukraine	Ucrânia

Paysages
Paisagens

Cascade	Cascata
Colline	Colina
Désert	Deserto
Estuaire	Estuário
Fleuve	Rio
Geyser	Geyser
Glacier	Geleira
Grotte	Caverna
Iceberg	Iceberg
Île	Ilha
Lac	Lago
Marais	Pântano
Mer	Mar
Montagne	Montanha
Oasis	Oásis
Péninsule	Península
Plage	Praia
Toundra	Tundra
Vallée	Vale
Volcan	Vulcão

Philanthropie
Filantropia

Besoin	Necessidade
Buts	Objetivos
Charité	Caridade
Communauté	Comunidade
Contacts	Contatos
Défis	Desafios
Enfants	Crianças
Finance	Finança
Fonds	Fundos
Gens	Pessoas
Générosité	Generosidade
Global	Global
Groupes	Grupos
Histoire	História
Honnêteté	Honestidade
Humanité	Humanidade
Jeunesse	Juventude
Mission	Missão
Programmes	Programas
Public	Público

Physique
Física

Accélération	Aceleração
Atome	Átomo
Chaos	Caos
Chimique	Químico
Densité	Densidade
Électron	Elétron
Formule	Fórmula
Fréquence	Frequência
Gaz	Gás
Gravité	Gravidade
Magnétisme	Magnetismo
Masse	Massa
Mécanique	Mecânica
Molécule	Molécula
Moteur	Motor
Nucléaire	Nuclear
Particule	Partícula
Relativité	Relatividade
Universel	Universal
Vitesse	Rapidez

Plantes
Plantas

Arbre	Árvore
Baie	Baga
Bambou	Bambu
Botanique	Botânica
Buisson	Arbusto
Cactus	Cacto
Engrais	Fertilizante
Feuillage	Folhagem
Fleur	Flor
Flore	Flora
Forêt	Floresta
Grandir	Crescer
Haricot	Feijão
Herbe	Erva
Jardin	Jardim
Lierre	Hera
Mousse	Musgo
Pétale	Pétala
Racine	Raiz
Végétation	Vegetação

Professions #1
Profissões #1

Ambassadeur	Embaixador
Astronome	Astrônomo
Avocat	Advogado
Banquier	Banqueiro
Bijoutier	Joalheiro
Cartographe	Cartógrafo
Chasseur	Caçador
Danseur	Dançarino
Entraîneur	Treinador
Éditeur	Editor
Géologue	Geólogo
Infirmière	Enfermeira
Médecin	Doutor
Musicien	Músico
Pianiste	Pianista
Plombier	Encanador
Pompier	Bombeiro
Psychologue	Psicólogo
Scientifique	Cientista
Vétérinaire	Veterinário

Professions #2
Profissões #2

Astronaute	Astronauta
Bibliothécaire	Bibliotecário
Biologiste	Biólogo
Chercheur	Investigador
Chirurgien	Cirurgião
Dentiste	Dentista
Détective	Detetive
Enseignant	Professor
Illustrateur	Ilustrador
Ingénieur	Engenheiro
Inventeur	Inventor
Jardinier	Jardineiro
Journaliste	Jornalista
Linguiste	Linguista
Médecin	Médico
Peintre	Pintor
Philosophe	Filósofo
Photographe	Fotógrafo
Pilote	Piloto
Zoologiste	Zoólogo

Psychologie
Psicologia

Clinique	Clínico
Comportement	Comportamento
Conflit	Conflito
Ego	Ego
Enfance	Infância
Expériences	Experiências
Émotions	Emoções
Évaluation	Avaliação
Inconscient	Inconsciente
Influences	Influências
Pensées	Pensamentos
Perception	Percepção
Personnalité	Personalidade
Problème	Problema
Rendez-Vous	Compromisso
Réalité	Realidade
Rêves	Sonhos
Sensation	Sensação
Subconscient	Subconsciente
Thérapie	Terapia

Randonnée
Caminhada

Animaux	Animais
Bottes	Botas
Camping	Acampamento
Carte	Mapa
Climat	Clima
Eau	Água
Falaise	Penhasco
Fatigué	Cansado
Guides	Guias
Lourd	Pesado
Météo	Tempo
Montagne	Montanha
Nature	Natureza
Orientation	Orientação
Parcs	Parques
Pierres	Pedras
Préparation	Preparação
Sauvage	Selvagem
Soleil	Sol
Sommet	Cume

Restaurant #2
Restaurante # 2

Boisson	Bebida
Chaise	Cadeira
Cuillère	Colher
Déjeuner	Almoço
Délicieux	Delicioso
Dîner	Jantar
Eau	Água
Épices	Especiarias
Fourchette	Garfo
Fruit	Fruta
Gâteau	Bolo
Glace	Gelo
Légumes	Legumes
Nouilles	Macarrão
Oeuf	Ovo
Poisson	Peixe
Salade	Salada
Sel	Sal
Serveur	Garçom
Soupe	Sopa

Santé et Bien-Être #1
Saúde e Bem-Estar #1

Actif	Ativo
Bactéries	Bactérias
Clinique	Clínica
Faim	Fome
Fracture	Fratura
Habitude	Hábito
Hauteur	Altura
Hormone	Hormones
Médecin	Doutor
Médicament	Medicina
Muscles	Músculos
Os	Ossos
Peau	Pele
Pharmacie	Farmácia
Posture	Postura
Relaxation	Relaxamento
Réflexe	Reflexo
Thérapie	Terapia
Traitement	Tratamento
Virus	Vírus

Santé et Bien-Être #2
Saúde e Bem-Estar #2

Allergie	Alergia
Anatomie	Anatomia
Appétit	Apetite
Calorie	Caloria
Corps	Corpo
Déshydratation	Desidratação
Énergie	Energia
Génétique	Genética
Hôpital	Hospital
Hygiène	Higiene
Infection	Infecção
Maladie	Doença
Massage	Massagem
Nutrition	Nutrição
Poids	Peso
Récupération	Recuperação
Sain	Saudável
Sang	Sangue
Stress	Estresse
Vitamine	Vitamina

Science

Ciência

Atome	Átomo
Chimique	Químico
Climat	Clima
Données	Dados
Expérience	Experiência
Évolution	Evolução
Fait	Fato
Fossile	Fóssil
Gravité	Gravidade
Hypothèse	Hipótese
Laboratoire	Laboratório
Méthode	Método
Minéraux	Minerais
Molécules	Moléculas
Nature	Natureza
Observation	Observação
Organisme	Organismo
Particules	Partículas
Physique	Física
Scientifique	Cientista

Science-Fiction

Ficção Científica

Atomique	Atómico
Cinéma	Cinema
Explosion	Explosão
Extrême	Extremo
Fantastique	Fantástico
Feu	Fogo
Futuriste	Futurista
Galaxie	Galáxia
Illusion	Ilusão
Imaginaire	Imaginário
Livres	Livros
Monde	Mundo
Mystérieux	Misterioso
Oracle	Oráculo
Planète	Planeta
Réaliste	Realista
Robots	Robôs
Scénario	Cenário
Technologie	Tecnologia
Utopie	Utopia

Sport

Esporte

Athlète	Atleta
Capacité	Capacidade
Corps	Corpo
Cyclisme	Ciclismo
Danse	Dançando
Diète	Dieta
Endurance	Resistência
Entraîneur	Treinador
Étirement	Alongamento
Force	Força
Jogging	Jogging
Maximiser	Maximizar
Métabolique	Metabólico
Muscles	Músculos
Nutrition	Nutrição
Objectif	Objetivo
Os	Ossos
Programme	Programa
Santé	Saúde
Sports	Esportes

Temps

Tempo

Année	Ano
Annuel	Anual
Après	Depois
Avant	Antes
Bientôt	Em Breve
Calendrier	Calendário
Décennie	Década
Futur	Futuro
Heure	Hora
Hier	Ontem
Horloge	Relógio
Jour	Dia
Maintenant	Agora
Matin	Manhã
Midi	Meio-Dia
Minute	Minuto
Mois	Mês
Nuit	Noite
Semaine	Semana
Siècle	Século

Types de Cheveux

Tipos de Cabelo

Argent	Prata
Blanc	Branco
Blond	Loiro
Boucles	Cachos
Brillant	Brilhante
Chauve	Careca
Coloré	Colori
Court	Curto
Doux	Suave
Épais	Grosso
Frisé	Encaracolado
Gris	Cinza
Long	Longo
Marron	Marrom
Mince	Fino
Noir	Preto
Ondulé	Ondulado
Sain	Saudável
Sec	Seco
Tressé	Trançado

Univers

Universo

Astéroïde	Asteróide
Astronome	Astrônomo
Astronomie	Astronomia
Atmosphère	Atmosfera
Ciel	Céu
Cosmique	Cósmico
Équateur	Equador
Galaxie	Galáxia
Hémisphère	Hemisfério
Horizon	Horizonte
Latitude	Latitude
Longitude	Longitude
Lune	Lua
Obscurité	Trevas
Orbite	Órbita
Solaire	Solar
Solstice	Solstício
Télescope	Telescópio
Visible	Visível
Zodiaque	Zodíaco

Vacances #2
Férias #2

Aéroport	Aeroporto
Camping	Acampamento
Carte	Mapa
Destination	Destino
Étranger	Estrangeiro
Hôtel	Hotel
Île	Ilha
Loisir	Lazer
Mer	Mar
Passeport	Passaporte
Photos	Fotos
Plage	Praia
Restaurant	Restaurante
Réservations	Reservas
Taxi	Táxi
Tente	Tenda
Transport	Transporte
Vacances	Feriado
Visa	Visto
Voyage	Viagem

Véhicules
Veículos

Ambulance	Ambulância
Avion	Avião
Bateau	Barco
Bus	Ônibus
Camion	Caminhão
Caravane	Caravana
Ferry	Balsa
Fusée	Foguete
Hélicoptère	Helicóptero
Métro	Metrô
Moteur	Motor
Navette	Transporte
Pneus	Pneus
Radeau	Jangada
Scooter	Lambreta
Sous-Marin	Submarino
Taxi	Táxi
Tracteur	Trator
Vélo	Bicicleta
Voiture	Carro

Vêtements
Roupas

Bracelet	Pulseira
Ceinture	Cinto
Chapeau	Chapéu
Chaussure	Sapato
Chemise	Camisa
Chemisier	Blusa
Collier	Colar
Foulard	Lenço
Gants	Luvas
Jeans	Jeans
Jupe	Saia
Manteau	Casaco
Mode	Moda
Pantalon	Calça
Pull	Suéter
Pyjama	Pijama
Robe	Vestido
Sandales	Sandálias
Tablier	Avental
Veste	Jaqueta

Ville
Cidade

Aéroport	Aeroporto
Banque	Banco
Bibliothèque	Biblioteca
Boulangerie	Padaria
Cinéma	Cinema
Clinique	Clínica
École	Escola
Fleuriste	Florista
Galerie	Galeria
Hôtel	Hotel
Librairie	Livraria
Marché	Mercado
Musée	Museu
Pharmacie	Farmácia
Restaurant	Restaurante
Salon	Salão
Stade	Estádio
Supermarché	Supermercado
Théâtre	Teatro
Université	Universidade

Félicitations

Vous avez réussi !

Nous espérons que vous avez apprécié ce livre autant que nous avons pris plaisir à le concevoir. Nous faisons de notre mieux pour créer des livres de la meilleure qualité possible.
Cette édition est conçue pour permettre un apprentissage intelligent et de qualité en se divertissant !

Vous avez aimé ce livre ?

Une Simple Demande

Nos livres existent grâce aux avis que vous publiez. Pourriez-vous nous aider en laissant un avis maintenant ?

Voici un lien rapide qui vous mènera à votre page d'évaluation de vos commandes :

BestBooksActivity.com/Avis50

CHALLENGE FINAL !

Défi n°1

Êtes-vous prêt pour votre jeu bonus ? Nous les utilisons tout le temps mais ils ne sont pas si faciles à trouver. Voici les **Synonymes** !

Notez 5 mots que vous avez trouvés dans les puzzles notés ci-dessous (n°21, n°36, n°76) et essayez de trouver 2 synonymes pour chaque mot.

Notez 5 Mots du ***Puzzle 21***

Mots	Synonyme 1	Synonyme 2

Notez 5 Mots du ***Puzzle 36***

Mots	Synonyme 1	Synonyme 2

Notez 5 Mots du ***Puzzle 76***

Mots	Synonyme 1	Synonyme 2

Défi n°2

Maintenant que vous vous êtes échauffé, notez 5 mots que vous avez découverts dans les Puzzles n° 9, n° 17, n° 25 et essayez de trouver 2 antonymes pour chaque mot. Combien pouvez-vous en trouver en 20 minutes ?

*Notez 5 Mots du **Puzzle 9***

Mots	Antonyme 1	Antonyme 2

*Notez 5 Mots du **Puzzle 17***

Mots	Antonyme 1	Antonyme 2

*Notez 5 Mots du **Puzzle 25***

Mots	Antonyme 1	Antonyme 2

Défi n°3

Formidable ! Ce défi final  n'est rien pour vous.

Prêt pour le dernier défi ? Choisissez 10 mots que vous avez découverts parmi les différents puzzles et notez-les ci-dessous.

1.	6.
2.	7.
3.	8.
4.	9.
5.	10.

Maintenant, composez un texte en pensant à une personne, un animal ou un lieu que vous aimez !

Astuce: Vous pouvez utiliser la dernière page de ce livre comme brouillon !

Votre Composition :

CARNET DE NOTES :

À TRÈS BIENTÔT !

Toute l'équipe

www.ingramcontent.com/pod-product-compliance
Lightning Source LLC
Chambersburg PA
CBHW082208120626
46553CB00010B/3056